Mein Kind braucht Werte

Heike Kovács · Birgit Kaltenthaler

Mein Kind braucht Werte

GONDROM

Dr. med. Heike Christine Kovács ist Journalistin für Printmedien, TV und Internet. Außerdem verfasste sie zahlreiche Ratgeber, ist als Moderatorin von Gesundheitsseminaren und Wissenschaftstagungen tätig und tritt als Expertin regelmäßig im Bayerischen Fernsehen auf. Sie ist Mutter zweier Kinder.

Birgit Kaltenthaler ist Journalistin und hat Ratgeber sowie Kurz- und Kindergeschichten verfasst. Heute betreibt sie außerdem ein Yoga-Studio für Kinder und Erwachsene. Sie ist Mutter zweier Kinder.

Produktion: Medienprojekte, München
Covergestaltung: Christine Retz
Coverfoto: Picture Press, Hamburg

Bildnachweise: Medienprojekte, München (S. 64/65, 122/123), MEV, Augsburg (S. 8/9, 38/39)

ISBN-10: 3-8112-2739-4
ISBN-13: 978-3-8112-2739-2

011

5 4 3 2 1

www.gondrom-verlag.de

Inhalt

Warum Werte so wichtig sind

Soziale Kompetenz

»Was Hänschen nicht lernt, lernt Hans nimmermehr.« Ein Sprichwort, das ganz einfach und anschaulich beschreibt, wie wichtig und prägend die ersten Jahre eines Kindes für seinen gesamten Lebensweg sind. Alles, was Ihr Kind von Anfang an lernt, von der Baby- und Kleinkindzeit über die ersten Schuljahre bis zum Eintritt ins Teenageralter, alles, was es an Erziehung erfährt, an Gefühlen erlebt und an Wissen vermittelt bekommt, wirkt auf unauslöschliche Weise in seinem ganzen Leben. Es wird sogar darüber mit entscheiden, ob Ihr Kind sein Leben später einmal als glücklich, reich und erfüllt erfährt oder eher als traurig und beschwerlich.

Schon vor zehn Jahren beschrieb der amerikanische Erfolgsautor Daniel Goleman im Vorwort zu seinem internationalen Bestseller *Emotionale Intelligenz* eindringlich, wie die Wohlstandsgesellschaften der Industrienationen in eine ernsthafte Krise rutschen, wie Gewaltverbrechen, Selbstmorde und Drogenmissbrauch als untrügliche Zeichen für »emotionales Elend« vor allem bei Jugendlichen extrem zunehmen. Um dieser erschreckenden Entwicklung Einhalt zu gebieten, sieht er es als unerlässlich an, »der emotionalen und sozialen Kompetenz unserer Kinder und unserer selbst größere Aufmerksamkeit zuzuwenden und die Kräfte und Fähigkeiten des menschlichen Herzens energischer zu fördern.«

Worauf basieren diese Kräfte und Fähigkeiten? Zu einem großen Teil gründen sie auf bestimmten Werten und Tugenden, die für die Herzensbildung von außerordentlicher Wichtigkeit sind und deren großer Einfluss auf die »Ethik« der Menschen und damit letztlich der ganzen Gesellschaft den Philosophen aller Zeiten bekannt war. Das Wort »Tugend« kommt in unserem modernen Sprachgebrauch nur noch selten vor. Es klingt irgendwie altmodisch, altbacken, »uncool« und scheint so gar nicht mehr in unsere hektische, kalte und oberflächliche Ellenbogengesellschaft zu passen. Und wie ist es um die Werte bestellt? Viele, vor allem junge Menschen, verbinden mit diesem Wort wahrscheinlich eher Materielles – Geld, Autos, Reisen, Schmuck, Designer-Klamotten und Ähnliches. Aber Schlagworte wie Dankbarkeit, Respekt, Fürsorge oder Demut kommen hier nicht vor. Genau diese und andere Begriffe stehen im Zentrum dieses Ratgebers. Er möchte Ihnen in Ihrer Rolle als Mutter und Vater das Thema »Werte« wieder mehr ins Bewusstsein bringen und veranschaulichen, welch bedeutende Rolle bestimmte Tugenden bei der Erziehung Ihres Kindes spielen.

Er soll aber nicht mit strenger Kritik aufwarten und Ihnen ständig den erhobenen Zeigefinger entgegenstrecken. Sie dürfen diese Lektüre genießen und sich ruhig ein wenig unterhalten lassen. Denn auch wenn es um so ernste Fragen wie Disziplin und Verantwortung geht, sollten Sie und Ihr(e) Kind(er) am besten entspannt und gelassen damit umgehen – und das Ganze vor allem immer mit einer Prise Humor würzen.

Glückliche Kinder: selbstbewusst und freundlich

Soziale Kompetenz

Die grosse Bedeutung emotionaler Intelligenz

Wann gilt ein Mensch als intelligent? Wenn er mehrere Sprachen spricht? Wenn er besondere Fähigkeiten in Mathematik, Physik, Biologie oder Chemie besitzt? Oder ist jemand besonders intelligent, wenn er sich innerhalb einer Minute eine zufällige Reihe von 100 Binärziffern (Nullen und Einsen) einprägen kann?

Früher wurde als intelligent angesehen, wer mathematisch, sprachlich oder naturwissenschaftlich Besonderes leistete. So ausschließlich wollen Wissenschaftler diesen Intelligenzbegriff heute jedoch nicht mehr gelten lassen. Sie unterscheiden stattdessen mindestens sechs verschiedene Formen von Intelligenz, die jeweils ganz unterschiedliche Fähigkeiten darstellen (siehe Kasten). Jeder Mensch verfügt über diese Arten der Intelligenz, allerdings sind sie bei jedem in anderer Ausprägung zu finden. So besitzen zum Beispiel Ingenieure ein großes Maß an logischem Denkvermögen und technischem Verständnis, während die Stärken von Künstlern eher im kreativen Bereich liegen. Leichtathletik-Assen wie zum Beispiel Stabhochspringern, die sich mit einem ausgeklügelten Bewegungsablauf über eine sechs Meter hohe Latte katapultieren, ist eine besonders fein justierte Bewegungsintelligenz zueigen, dafür ist die verbale Intelligenz bei manchen von ihnen vielleicht nicht so ausgeprägt.

Wahrscheinlich werden Sie sich jetzt fragen, wie hoch die Intelligenz in den einzelnen Bereichen bei Ihrem Kind ist. Wird es sich zu einem kleinen Tüftler entwickeln – oder vielleicht zu einem begeisterten Maler, der Sie mit den schönsten Farbkreationen verwöhnt? Zum einem hängt dies von der Veranlagung ab, von den Talenten, die Ihr Kind mit in die Wiege gelegt bekommen hat. Zum anderen spielt es aber auch eine große Rolle, wie sehr es bei Ihnen zu Hause, im Kindergarten und in

✔ Die sechs Formen der Intelligenz

- **Visuelle Intelligenz:** Das ist die Vorstellungskraft, die bei Schriftstellern und Autoren besonders ausgeprägt ist.
- **Verbale Intelligenz:** Hiermit ist die sprachliche Fähigkeit gemeint, die zum Beispiel Juristen, Geistliche, Politiker und Übersetzer brauchen.
- **Logische Intelligenz:** Vor allem Naturwissenschaftler, Mathematiker und Ingenieure verfügen darüber.
- **Kreative Intelligenz:** Maler, Musiker sowie Bildhauer und andere Berufssparten benötigen diese Gabe, um ständig Neues erfinden zu können.
- **Physische Intelligenz:** Sportler und Artisten beispielsweise brauchen eine große Körperbeherrschung, um auf ihrem Gebiet große Leistungen zu vollbringen.
- **Emotionale Intelligenz:** Das ist der gekonnte Umgang mit den eigenen Gefühlen und denen anderer.

der Schule gefördert wird. Wenn Sie bestimmte Stärken bei Ihrem Kind erkennen, haben Sie es selbst bereits jetzt ein Stück weit in der Hand, ob es diese Talente einmal ausbauen wird. Gehen Sie also ruhig schon früh auf Begabungen und Talente ein, damit diese sich dann richtig entfalten können.

Der Grundstein für die emotionale Intelligenz

Die ersten Erfahrungen mit der emotionalen Intelligenz macht bereits ein Neugeborenes. Wenn es auf dem Bauch der Mutter liegt, ihren Herzschlag hört, sich den Geruch ihrer Haut einprägt und anfängt, die fremde große Welt mit seinen Sinnen zu erfassen, dann sind das ganz starke Empfindungen, die den Grundstein für die emotionale Intelligenz legen.

Wie Studien zeigen, spielt aber auch die Art und Weise, wie Sie als Eltern Ihr Kind wahrnehmen, eine wichtige Rolle für sein späteres Gefühlsleben und auch seine Klugheit. Eltern, die ihr Baby von Anfang an als ein einzigartiges, besonderes Wesen wahrnehmen, fördern es dadurch bereits, obwohl ihnen dies gar nicht bewusst ist.

Die beiden Psychologinnen Linda Acredolo und Susan Goodwyn berichten in ihrem Ratgeber *Baby Brain*, dass die Entwicklung eines Kindes sehr stark davon abhängt, welche Erwartungen Mütter an ihren Nachwuchs stellen. So schenken Mütter, die davon überzeugt sind, dass ihr Baby schon gleich nach der Geburt seine Umwelt wahrnehmen kann, ihrem Kind mehr Aufmerksamkeit. Sie sprechen mit ihm, sie streicheln es, sie geben ihrem Kind von Anfang an das Gefühl, erwünscht zu sein.

Eine Studie unterstreicht dies: Hebammen besuchten Familien mit Neugeborenen im Abstand von vier, acht und zwölf Monaten. Das Ergebnis: Kinder, denen ihre Mütter viel zutrauten und die bei ihrer Entwicklung liebevoll unterstützt wurden, waren geistig und psychomotorisch viel weiter als Babys von Müttern, die überzeugt waren, dass Kinder frühestens ab einem Alter von zwei Monaten etwas von ihrer Umwelt mitbekommen würden. Alle Säuglinge brachten für die Studie die gleichen Voraussetzungen mit: Bei der ersten Untersuchung, direkt nach der Geburt, waren keine Entwicklungsverzögerungen oder Beeinträchtigungen der Kinder festgestellt worden.

Dies zeigt, dass die kindliche Entwicklung von den Eltern, besonders von den Müttern, gesteuert werden kann. Es ist erwiesen, dass Frauen, die davon überzeugt sind, dass ihr Kind etwas leisten kann, positiver an die Erziehung ihres Nachwuchses herangehen. Mütter, die sich über die Fähigkeiten ihres Babys gut informiert haben, befassen sich engagierter mit ihm, sie nehmen wesentlich aktiver an seiner Entwicklung teil. Sie wollen von Anfang an die Sinne und Fähigkeiten ihres Kindes trainieren und die Entwicklung durch altersgerechtes Spielzeug, Massagen oder Streicheleinheiten unterstützen.

Bitte kein Druck!

Auf keinen Fall darf dies aber in Zwang ausarten. Setzen Sie als Mutter Ihr Baby nicht unter Druck. Es muss nicht etwa bis zu einem bestimmten Alter dieses oder jenes können. Viel wichtiger ist, dass Ihr Kind

✔ So entwickelt sich das Gehirn

- Schon kurz nach der Zeugung, wenn Ei und Samenzelle verschmolzen sind, beginnt die Strukturierung des Gehirns. Nach drei Wochen bilden sich bereits 250 000 Gehirnzellen pro Minute, nach acht Wochen hat das Babygehirn seine endgültige Form angenommen. Jetzt wird es mit allen Bereichen des Körpers vernetzt, ein neuronales Geflecht entsteht. Dabei werden die Nervenzellen (Neuronen) untereinander verbunden. Das Ungeborene erlernt so die Kontrolle über seinen Körper, es kann bereits mit drei Monaten Purzelbäume schlagen und etwas später sich den Daumen zum Lutschen in den Mund stecken.
- Bei der Geburt haben sich rund 100 Milliarden Nervenzellen gebildet, etwa so viele, wie dann auch ein Erwachsener besitzt. Damit die Nervenzellen miteinander kommunizieren können, benötigen sie Kontaktstellen, die so genannten Synapsen. Neugeborene haben noch recht wenige, die Nervenzellen sind also untereinander noch nicht so gut »verdrahtet«. So hat ein Neugeborenes lediglich einige Reflexe und Instinkte, reagiert mit Schreien und Strampeln, mehr nicht. Dies ändert sich allerdings in den ersten Lebensjahren.
- Bis zum dritten Geburtstag bildet das Gehirn eines Kindes etwa 200 Billionen Synapsen, die Nervenzellen sind also schon sehr engmaschig miteinander verbunden, wodurch auch das intensive Lernen der Kinder möglich wird. Messungen zeigten, dass das Gehirn eines Dreijährigen etwa doppelt so aktiv ist wie das eines Erwachsenen. Dies erklärt auch die unglaublich raschen Lernfortschritte bei Kindern: Manche lernen Tag für Tag bis zu 30 neue Wörter!
- Mit dem Älterwerden wird jedoch die Hälfte der Synapsen wieder abgebaut, bis die für einen Erwachsenen durchschnittliche Zahl von 100 Billionen erreicht ist.

spürt, dass Mama da ist, sich kümmert und es versteht.

So entwickelt sich von Anfang das Urvertrauen Ihres Kindes. Dieses bildet die Basis zwischen der Mama und dem Nachwuchs. Je breiter und fester dieses Fundament ist, desto besser können sich später auch die Werte entwickeln.

Das Gehirn eines Babys

Bei der Geburt wiegt ein Kinderhirn etwa 250 Gramm, am ersten Geburtstag 750 Gramm, etwa 1350 Gramm im fünften Lebensjahr und in der Pubertät wird das Endgewicht erreicht – bei Männern etwa 1500 Gramm, bei Frauen 1350 Gramm.

Emotionale Intelligenz: ein Schlüssel zu vielen Werten

✔ **Eine kleine Alltagsgeschichte:** Der drei Monate alte Markus ist mit seiner Mutter auf dem Wochenmarkt unterwegs. Heute ist so ein Tag, an dem sich der Junge irgendwie nicht wohl fühlt. Der Kleine ist wach, er spielt mit seinen Fingerchen und blickt interessiert zu seiner Mama. Sie lächelt ihren Sohn zwischendurch immer wieder an, während sie ihn im Kinderwagen durch die Menge schiebt. Sie spricht mit ihm und bleibt hie und da stehen, um das Angebot der Händler zu begutachten und einzukaufen. Auf einmal trifft die Mama eine Bekannte, die sie lange nicht mehr gesehen hat, und bleibt stehen. Sie wendet sich von ihrem Kind ab und unterhält sich mit der Frau. Natürlich fängt Markus an zu weinen. »Kaum treffe ich mal jemanden, fängt er gleich an zu schreien«, denkt sich Markus' Mutter und reagiert nicht auf die Laute ihres Kleinen. Als er aber immer heftiger brüllt, sagt sie zu ihrer Bekannten: »Ich finde, er ist jetzt alt genug um zu lernen, dass nicht immer alles nach seinem Willen geht.« Dann unterhalten sich die beiden Frauen noch einen Moment und verabschieden sich. Markus schreit jetzt wie am Spieß. Er hat das Gefühl, dass sich niemand um ihn kümmert, er fühlt sich allein und verlassen.

Fängt ein drei Monate altes Kind an zu weinen, weil seine Mutter eine alte Bekannte trifft und sich mit ihr unterhält? Mit Sicherheit nicht! Denn Babys sind in diesem Alter noch gar nicht in der Lage, etwas zweckgerichtet zu tun, dazu fehlt ihnen der eigene Wille. Die Winzlinge weinen, weil sie sich nicht wohl fühlen, weil sie Langeweile verspüren und unterhalten werden möchten, weil der Hunger groß oder die Windel voll ist.

Für Babys gibt es noch kein Zeitempfinden. Eine Minute oder eine Stunde – dies können sie nicht unterscheiden. Und deshalb sollten ihre Bedürfnisse auch sofort befriedigt werden. Es hat also überhaupt keinen Sinn, sein Kind lange schreien zu lassen, damit es »lernt« zu warten und zu verstehen, dass die Eltern nicht immer sofort zur Stelle sein können, wenn es etwas will.

Was das Kind dabei jedoch mitbekommt ist die Überzeugung, dass niemand so recht Rücksicht auf seine Gefühle nehmen will. Das Urvertrauen, dieses Gefühl, es ist immer jemand da, der hilft, kann sich dann möglicherweise nicht richtig ausbilden. Dieses Urvertrauen halten viele Pädagogen jedoch für eine wichtige Voraussetzung, damit sich Selbstwertgefühl, Selbstbewusstsein und somit auch die emotionale Intelligenz entwickeln können.

Im Babyalter werden demnach die Grundlagen für die emotionale Intelligenz der Kinder gelegt. Aufmerksame Eltern, die ihren Nachwuchs auch dann liebevoll betreuen, wenn dieser einmal einen ganz schlechten Tag hat oder wenn die schmerzhaften Blähungen einfach nicht vergehen wollen, geben ihrem Kind eine wertvolle Erfahrung mit auf den Weg: Es spürt, seine Gefühle sind wichtig, sie werden ernst genommen, es bekommt immer Aufmerksamkeit, Pflege und Fürsorge.

Veränderte Familienstrukturen

Unsere Gesellschaft ist in einem ständigen Wandel: Die Scheidungsraten steigen, allein erziehende Mütter und Väter lösen die »klassischen« Familien, in denen Eltern, Kinder, manchmal vielleicht sogar noch Großeltern unter einem Dach lebten, ab. Das wirkt sich natürlich auch auf die Vermittlung von Werten und auf die Herzensbildung aus.

Familien haben heute oft keinen lebenslangen Bestand mehr. Das Motto »bis dass der Tod euch scheidet« gilt für Ehepaare schon lange nicht mehr. Viele Ehen gehen – oft schon nach kurzer Zeit – zu Bruch, Familien werden dadurch auseinander gerissen und neu gebildet. Die so genannten Patchwork-Familien sind heute ganz normal. So wie aus einzelnen Stoffresten neue Decken hergestellt werden, finden sich Väter, Mütter und Kinder aus gescheiterten Beziehungen neu zusammen und suchen nun in anderer Formierung eine Art »Familienglück«.

Natürlich schlägt sich dieser Wandel auch auf die Gesellschaft nieder. Die persönliche Lebensverwirklichung hat für viele Menschen eine immer größere Bedeutung. Früher war es das Gefühl der Zusammengehörigkeit, das zählte, inzwischen aber geht jeder seinen eigenen Weg, die Individualisierung wird immer stärker. Mütter und Väter wollen unabhängig sein, die Autonomie gegenüber allen anderen ist das A und O. Dies jedoch fördert den Konkurrenzkampf auf allen Ebenen leider allzu oft.

»Setz deine Ellenbogen ein!«, empfehlen sogar viele Eltern heute ihren Kindern. »Behaupte dich gegen alle anderen, damit sie dir nichts wegnehmen können!« Wenn schon Erstklässler mit einem solchen Bewusstsein ihren Weg ins Leben antreten, ist es gar nicht verwunderlich, dass sich immer mehr Schüler auf dem Pausenhof wie ein Rambo aufführen und mit aggressivem Egoismus über die Interessen der anderen Kinder hinweggehen.

Fernsehende Stubenhocker

Einen Teil zur Vereinsamung der Kinder tragen sicherlich auch die modernen Medien bei. Computer und Fernseher machen aus bewegungsfreudigen Kindern träge Stubenhocker. Solidarität mit anderen Kids, Zeit für Gespräche, für Spaß und Spiel oder auch für den gegenseitigen Austausch schöner Empfindungen gibt es fast nicht mehr. Schon die Jüngsten lernen in der großen Hektik des Alltags, dass auf große Gefühle, auf Wärme, Herzlichkeit, Zuneigung und Zärtlichkeit, kaum Rücksicht genommen werden kann.

Dieser Umgang prägt natürlich auch die emotionale und soziale Entwicklung der Kinder. Ein unbeschwertes Aufwachsen, so wie es früher in den Großfamilien noch möglich war, wo es immer jemanden gab, der sich mit den Jüngsten aufmerksam und liebevoll beschäftigte, ist in den heutigen Familien leider keine Selbstverständlichkeit mehr. Es ist traurig, aber wahr: Viele Kinder bleiben heute sich selbst überlassen. Anstelle von Vater und Mutter ist der Fernseher der Erzieher, anstelle der Großeltern werden Medienfiguren – mehr schlecht als recht – zu Ratgebern in allen Lebenslagen und vor allem zu wenig tauglichen Vorbildern.

Schneller, weiter – und aggressiver

Besorgniserregend ist auch die steigende Aggressionslust unter den Kindern. Mit dem Älterwerden scheint die Bereitschaft, sich mit Gewalt gegen andere durchsetzen zu wollen, stetig zu steigen. Schlägereien auf dem Schulhof, Terror der Starken gegen die Schwachen – das ist ein Phänomen, das sich immer mehr auszuweiten droht. Diese ungebremste Aggression sehen Wissenschaftler als Folge von aufgestautem Frust und Wut über Verhältnisse, in denen sich die Kinder einfach nicht wohl fühlen können. Sie haben nicht gelernt, mit Enttäuschungen klar zu kommen, ihre Gefühle zuzulassen und auszuleben oder Konflikte anders als mit nackter Gewalt zu lösen.

Neben dem wachsenden Aggressionspotenzial beobachten Forscher bei Schülern aber auch zunehmend Konzentrationsstörungen bis hin zur Hyperaktivität, Lernschwierigkeiten, Störungen in der Sprachentwicklung, Depressionen und krankhaftes Übergewicht. Das alles sind Folgen einer oberflächlichen, gefühlsarmen Lebensumgebung, in der Kinder sich selbst überlassen sind, in der ihnen starke Leitbilder, die Väter und Mütter eigentlich sein sollten, fehlen.

Aufgrund dieser gesellschaftlichen Entwicklung, des Trends zur emotionalen Verrohung, wo statt der Gefühle nur noch der Kopf regiert, ist es notwendig, die emotionalen Fähigkeiten zu fördern, Herz und Verstand wieder zu vereinigen.

Das Abc der Gefühle: So funktioniert das emotionale Alphabet

Die Grundausstattung: Das emotionale Alphabet ist sozusagen die Grundausstattung an Fähigkeiten und Charaktereigenschaften, die jedes Kind mitbekommen sollte, um zu einem lebenstüchtigen Menschen heranzuwachsen. Dazu gehört, eine positive Lebenseinstellung zu sich selbst, aber auch zu anderen zu entwickeln, sein Leben glücklich zu gestalten, sinnvoll zu handeln und eine optimistische, positive Grundhaltung an den Tag zu legen. Hinzu kommen die Fähigkeiten, Schwierigkeiten, die das Leben bietet, anzupacken und zu bewältigen, Krisen als Chance zu sehen und dabei niemals seine Wünsche und Ziele aus den Augen zu verlieren.

Das »emotionale Alphabet«: Es setzt sich aus Selbstbewusstsein, einem positiven Selbstwertgefühl, sozialer Kompetenz und Einfühlungsvermögen zusammen. Die »Fähigkeiten des Herzens« spielen, das betonen Intelligenzforscher, eine ebenso wichtige Rolle wie die »Fähigkeiten des Kopfes«, also zum Beispiel Rechnen, Schreiben, Lesen, Sprechen und Denken. In unserer heutigen Gesellschaft werden die Fähigkeiten des Herzens jedoch vernachlässigt. Was zählt ist der Geist, nicht die Emotion. Vertrauen, Motivation, Verantwortungsbewusstsein und Mitgefühl werden vernachlässigt. Es sind dies die »soft skills« (weiche Fähigkeiten). Sie stehen im Gegensatz zu den »hard skills« (harte Fähigkeiten), wobei mit »hart« die Nachweisbarkeit, Gesetzmäßigkeit und Messbarkeit gemeint ist.

Herz und Verstand

Gefühl und Verstand unter einen Hut zu bringen, ist gerade heute, in einer Zeit, wo hauptsächlich Leistung zählt, für Kinder sehr schwer. Umso wichtiger ist es, dass Sie als Eltern die emotionale Intelligenz Ihres Nachwuchses fördern und ihm schon von Anfang an das Gefühl von Vertrauen und Geborgenheit vermitteln.

Intelligent, aber herzlos?

Herz und Verstand vereinen: Um das Gleichgewicht zwischen Kopf und Herz wieder herzustellen, müssen Eltern – Trend hin oder her – wieder die Verantwortung dafür übernehmen, ihren Kindern auch die »soft skills« zu vermitteln. Doch nicht nur sie, Väter und Mütter, sind hier gefordert, auch die Erzieher und Lehrer spielen selbstverständlich eine wichtige Rolle. Allerdings kommen Sie, die Eltern, als »emotionale Begleiter« im Leben Ihres Kindes zuerst zum Zug, da Sie ja seine ersten Bezugs- und Leitfiguren sind. Was Kinder gleich zu Beginn ihres Daseins von ihren Eltern lernen, prägt sie ein Leben lang. Dass diese Prägung dabei nicht einseitig sein darf, liegt auf der Hand. Genauso wenig wie einseitige Ernährung, einseitige Bewegung oder die einseitige Betrachtungsweise eines Problems eine dauerhafte und deshalb gute Lösung sein kann, ist auch eine einseitige Prägung, bei der fast ausschließlich der Verstand im Mittelpunkt steht und die Tugenden des Herzens ein Schattendasein fristen, nicht förderlich für die Entwicklung eines Kindes.

Welche Intelligenz ist wirklich wichtig?

Sind intelligente Menschen automatisch lebenstüchtig? Kommt man mit guten mathematischen Kenntnissen, mit einem großen Wissen in Physik, Chemie, Biologie oder in den Sprachen locker über die Runden? Zumindest wird Ihr Kind dafür in der Schule gute Noten bekommen, so viel steht fest. Aber helfen Vektorrechnung oder detailliertes Wissen über den Aufbau einer Pflanzenzelle auch bei zwischenmenschlichen Problemen mit dem Nachbarn? Wohl kaum!

Ebenso wenig wird es aber auch klappen, wenn wir versuchen, einen Dreisatz mit Einfühlungsvermögen, sprich mit emotionaler Intelligenz, zu lösen. Wir können uns noch so lange in die Frage »wenn sechs Birnen drei Euro kosten, wie viel kosten dann sieben?« hineindenken oder hineinfühlen. Zu einer korrekten Antwort wird das nicht führen. Hier helfen ausschließlich solide mathematische Grundkenntnisse.

Eine hohe «akademische Intelligenz«, ein hoher IQ (Intelligenzquotient), hilft Ihrem Kind natürlich, ohne Probleme durch die Schule zu kommen, einen guten Abschluss zu machen und einen Ausbildungs- oder Studienplatz zu finden. Aber leider

Emotionen schulen

Wollen Sie Ihr Kind zu einem glücklichen, ausgeglichenen Menschen heranwachsen sehen, dann sollten Sie – trotz der in unserer Zeit immer komplexeren Wissensinhalte, trotz aller Hektik und Schnelllebigkeit – der Gefühlswelt Ihres Kindes besonderes Augenmerk schenken, indem Sie seine emotionale Intelligenz gezielt fördern.

wird ein IQ niemals etwas darüber aussagen, ob der Nachwuchs damit auch gut durchs Leben kommt, ob er für die Wechselfälle, Zufälle und Krisenzeiten des Lebens gerüstet ist, mit denen sich früher oder später jeder Mensch auseinandersetzen muss: Krankheit, Arbeitslosigkeit, Scheidung, Tod.

Kann er auch Hindernisse überwinden, die sich ihm auf dem Weg zum angestrebten Ziel stellen? Wie beispielsweise geht er damit um, wenn die seit Jahren sorgfältig geplante Beförderung plötzlich scheitert und ein anderer vorgezogen wird, der viel weniger qualifiziert oder jünger ist?

Fraglich ist natürlich auch, ob ein hoher IQ Probleme leichter bewältigen lässt, die Möglichkeit bietet, Chancen zu erkennen und zu nutzen und Schwierigkeiten so zu behandeln, dass die Lehren daraus für den weiteren Lebensweg vorteilhaft sind. Zweifellos, dafür braucht es dann schon eine andere Form der Intelligenz, eben die emotionale, die für Daniel Goleman gleichrangig mit der »akademischen Intelligenz«, dem IQ, sein muss. Gefühle, fordert Goleman, müssten genauso wie Rechnen, Lesen, Schreiben oder logisches Denken einen festen Stellenwert im Bildungsbetrieb an Schulen und Universitäten haben. Denn je geschickter ein Kind diese Kompetenzen erwirbt, umso erfolgreicher wird es sein Leben gestalten können. Mit der Förderung dieser emotionalen Intelligenz können Sie als Eltern bei Ihrem Kind schon lange vor der Zeit beginnen, in der das ABC und die Grundrechenarten auf dem Programm stehen.

Über Gefühle sprechen

Natürlich birgt das Leben viel Ungewisses, es hält zahlreiche

✔ Emotionale Intelligenz – der Umgang mit Gefühlen

Populär wurde der Begriff »emotionale Intelligenz« durch das Buch des Amerikaners David Goleman Anfang der 1990er Jahre. Der Psychologe hatte durch rund 300 Untersuchungen herausgefunden, dass in Firmen mit einer hohen Zahl emotional intelligenter Mitarbeiter die Betriebsergebnisse deutlich besser waren als in anderen Unternehmen.
Goleman untergliedert die emotionale Intelligenz in fünf Teilbereiche:

- **Selbstbewusstsein:** Dabei handelt es sich um die Fähigkeit eines Menschen, seine Stimmungen, Gefühle und Bedürfnisse zu akzeptieren und zu verstehen, aber auch, seine Wirkung auf andere einzuschätzen. So weiß ein emotional intelligenter Mensch, dass seine gute Laune auf andere Menschen ansteckend wirkt, sie mitreißen kann.
- **Selbstmotivation:** Hiermit meint Goleman die Fähigkeit, sich für das, womit man sich beschäftigt, begeistern zu können. Menschen mit einer hohen emotionalen Intelligenz haben Spaß an ihrer Arbeit um der Arbeit willen. Sie tun sie sogar auch dann gern, wenn damit keine finanziellen Anreize und kein besserer Status verbunden sind.
- **Selbststeuerung:** Hier geht es um planvolles und verantwortliches Handeln mit Zeit und Ressourcen. Ein Zeichen emotionaler Intelligenz ist, wenn man sein Tun umsichtig zu planen weiß, wenn man sich sinnvolle Ziele zu setzen vermag und dafür einen angemessenen Umfang an Zeit und Material einkalkuliert.
- **Soziale Kompetenz:** Das ist die Fähigkeit, Kontakte zu anderen zu knüpfen und tragfähige Beziehungen einzugehen (siehe Seite 27). Emotional intelligente Menschen zeichnen sich durch die Pflege guter Beziehungen zu anderen aus. Dabei kommt es nicht darauf an, dass ein Kind möglichst viele Freunde hat, sondern dass sich diese Freundschaften durch eine besondere Qualität auszeichnen, dass sie dauerhaft und von Offenheit sowie Ehrlichkeit geprägt sind.
- **Empathie (Einfühlungsvermögen):** Ein empathischer Mensch kann sich in die Gefühle anderer Menschen hineinversetzen und angemessen darauf reagieren (siehe Seite 22). Einfühlungsvermögen zu besitzen heißt, die eigenen Gefühle zu hinterfragen und zu untersuchen, sich aber auch darüber im Klaren zu sein, dass andere Menschen häufig gleich oder sehr ähnlich denken und fühlen.

Überraschungen bereit und wird Ihr Kind sicher auch immer wieder vor große Herausforderungen stellen. Wenn Sie jedoch alle Formen der Intelligenz berücksichtigen und versuchen, diese gezielt zu fördern, dann bauen Sie damit Ihrem Kind ein sehr solides Fundament für einen erfolgreichen, glücklichen Lebensweg. In der praktischen Konsequenz heißt das: Ihr Kind sollte nicht nur den Dreisatz beherrschen, sondern es muss auch in der Lage sein, sich in andere Menschen einfühlen zu können. Das funktioniert über seine Emotionen, über das Wissen um seine Gefühle, über sein Verständnis von Glück, Trauer, Freude oder Angst.

Emotionale Intelligenz bedeutet also, eigene Gefühle und die Gefühle anderer zu erkennen und darauf eingehen zu können. Dazu gehört zum Beispiel auch, dass Ihr Kind lernt, einen Schulkameraden, der ein trauriges Gesicht macht, nicht achtlos zu schubsen oder zu hänseln, sondern einfühlsam nachzufragen, ob etwas nicht in Ordnung sei.

Sicherlich kann sich jeder von uns noch sehr gut an die wie hellseherisch wirkenden Fähigkeiten seiner Mutter erinnern: War sie nicht in der Lage, aus jeder noch so kleinen, nebensächlich wirkenden Geste, beispielsweise einem unkontrollierten Gesichtsausdruck, treffsicher auf unseren Gemütszustand zu schließen? Und das auch noch, als wir eigentlich schon längst erwachsen waren?

Reden Sie über Gefühle!

Diese »hellseherischen« Fähigkeiten sind jedoch keine besondere Begabung oder ein einmaliges Talent. Andere Menschen zu beobachten, dabei aufmerksam zu sein und aus den Beobachtungen die richtigen Schlüsse zu ziehen kann man lernen. Sie können dies mit Ihrem Kind am besten üben, wenn Sie mit ihm ganz einfach über Gefühle reden. Erzählen Sie auch, wie Sie sich selbst fühlen, was Sie bei diesem oder jenem Erlebnis empfunden haben. Reden Sie über Freude und Leid, über Spaß und ungewisse Gefühle, darüber, wie sich der Lehrer in der Schule verhalten hat und wie er auf Ihr Kind wirkte. Solche Beobachtungen helfen auch

Kindern schon, sich ihrer Emotionen bewusst zu werden und sich Klarheit über ihre Gefühle zu verschaffen.

Auch das Sprechen über Ihre eigenen Emotionen sollten Sie also nicht scheuen. Zumindest dann nicht, wenn Ihr Kind in einem Alter ist, wo es schon fragt, was los sei. Wie ausführlich Sie Ihre momentane Gefühlswelt vor ihm ausbreiten, hängt ganz von seiner Reife ab. Ein Sechsjähriger wird zwar spüren, wenn Papa anders ist als sonst, allerdings sollte er noch keine detaillierte Schilderung über dessen Ärger in der Arbeit bekommen. Mit der Auskunft »ich habe etwas Ärger in der Arbeit, ist aber nicht so schlimm« wird sich das Kind dann sicherlich zufrieden geben.

Emotionale Intelligenz vorleben

Emotional intelligente Kinder haben auch emotional intelligente Eltern, denn die emotionale Intelligenz ist nicht theoretisch zu vermitteln. Emotional handeln können Kinder nur, wenn sie dafür auch die richtigen Vorbilder haben. Sich in die Gefühle anderer hineinversetzen zu können bedeutet allerdings nicht, auch für alles Verständnis haben zu müssen. Viel besser ist es, wenn Sie als Vater und Mutter deutlich Grenzen ziehen.

✔ **Eine kleine Alltagsgeschichte:** Sybille (9) hat sich mit ihrer Freundin Melanie verabredet. Die beiden Mädchen haben geplant, die alte Puppenstube von Melanies Mutter aufzubauen und damit zu spielen. Deshalb darf Sybille auch bei ihrer Freundin übernachten. Doch dann kommt etwas dazwischen. Melanies Mutter ruft an und sagt das Treffen ab, weil sich die Familie um die plötzlich erkrankte Oma kümmern muss. Sybille ist schwer enttäuscht. »Das ist so gemein von Melanies Oma, das macht sie absichtlich, damit ich nicht mit Melanie spielen kann!«, ruft sie, rennt hinauf in ihr Zimmer und schlägt die Tür hinter sich zu. Sybilles Mutter geht ihrer Tochter nach und versucht, mit ihr über das Geschehene zu sprechen: »Ich verstehe sehr gut, dass du enttäuscht bist. Das wäre ich an deiner Stelle wahrscheinlich auch. Aber es ist nicht in Ordnung, wenn du sagst, Melanies Oma sei nur deshalb krank geworden, um dich zu ärgern!«

Es ist verständlich, dass Sybille enttäuscht ist. Sie hat sich so auf den Tag mit ihrer Freundin Melanie gefreut – und dann platzt das Treffen. Sybilles Mutter zeigt für die Enttäuschung ihrer Tochter großes Verständnis und sagt es ihr auch. Die Mama signalisiert: Enttäuscht sein, weil etwas nicht klappt, worauf man sich gefreut hat, ist in Ordnung, aber jemand anderen für seinen Zorn, seine Traurigkeit oder Enttäuschung verantwortlich zu machen ist nicht in Ordnung. Dies sagt Sybilles Mutter deutlich und sie zeigt ihrer Tochter damit, dass sie bei allem Verständnis trotzdem noch die Grenzen im Blick hat.

Die Entwicklung der sozialen Kompetenz

Parallel zur Entwicklung der emotionalen Intelligenz beginnen Kinder auch schon früh damit, eine so genannte soziale Kompetenz herauszubilden. Darunter verstehen wir die Fähigkeit, mit den Mitmenschen gut umgehen zu können, sich in einer Gruppe zurechtzufinden, mit anderen Personen zu kommunizieren, in der Lage zu sein, gemeinsame Ziele zu verfolgen und Probleme zu lösen. Die soziale Kompetenz ist quasi die Anwenderseite der emotionalen Intelligenz.

Im Kindergarten

Etwa mit drei Jahren, wenn die meisten Kinder in den Kindergarten gehen, sind sie schon so weit fortgeschritten, dass sie die Grundlagen der emotionalen Intelligenz gelernt haben und jetzt anfangen, auch in Sachen sozialer Kompetenz erste Erfahrungen zu sammeln. Ihr Kind lernt nun ganz schnell neue Verhaltensmuster kennen und kann rasch unterscheiden, was nachahmens- und lohnenswert ist oder was nicht. Kleine Jungen entdecken jetzt ihre Geschlechterrolle, sie orientieren sich mehr an ihrem Vater. Sie finden gut, was ihm gefällt.
Sie werden beim Spielzeug wählerisch (Autos, Autos, Autos!) und – für viele Vater-Sohn-Beziehungen eine besondere Freude –

✔ So lernt Ihr Kind die Körpersprache

Wer »erfolgreich« die Gefühlslage eines anderen erkennt, achtet dabei vor allem auf eines: die Körpersprache. Sie ist Ausdruck einer unkontrollierten Reaktion auf Gefühle. Abgesehen von sehr guten Schauspielern ist wohl kaum ein Mensch in der Lage, seine Gefühle so im Griff zu haben, dass sie sich nicht im körperlichen Verhalten widerspiegeln. Verschränkte Arme sind zum Beispiel ein Zeichen für Ablehnung, heruntergezogene Augenbrauen ein Signal für Wut oder Ärger, ein ausgestreckter, »zielender« Zeigefinger ein Hinweis auf Aggression. Es gibt aber auch eine positive Körpersprache: Ein hochgezogener Mundwinkel ist ein Anzeichen von Freude, ein hoch gereckter Kopf und eine gerade Körperhaltung signalisieren Selbstbewusstsein.

Wie jede andere Sprache, kann Ihr Kind auch die Körpersprache üben und lernen, zum Beispiel indem Sie gegenseitig Ihre Körperhaltung deuten oder sich Fotos von Menschen anschauen. Überlegen Sie gemeinsam: Wie ist der Gesichtsausdruck der fotografierten Personen? Wie bewegen sie ihren Oberkörper? Wie sieht ihre Haltung aus, was tun sie mit ihren Händen, Beinen, Füßen oder mit dem Kopf? Welchen Ausdruck haben der Mund oder die Augen?

sie genießen den Spaß, mit der elektrischen Eisenbahn zu spielen. Kleine Mädchen eifern eher ihrer Mama nach. Sie zeigen Interesse an glitzerndem Schmuck, sie begeistern sich für aparte Kleider und kümmern sich als Puppenmütter aufopferungsvoll um »ihre Kinder«.

Mit ungefähr drei Jahren haben die Kinder auch ihr Selbst entdeckt. Sie nennen sich jetzt nicht mehr beim Vornamen, sondern sie sagen »ich« und begreifen langsam die eigene Rolle und die anderer Menschen in ihrem Umfeld. Sie fangen an, zwischen sich und den anderen Grenzen zu ziehen. Ihr »Selbst« wird ihnen immer bewusster und sie merken, dass ihre eigenen Gedanken, Gefühle und Handlungen direkte Auswirkungen auf ihre Umwelt haben. Ein wichtiger Punkt ist dabei auch die Unterscheidung von »mein« und »dein«. Dreijährige sind dazu bereits in der Lage. Allerdings trennen sie noch nicht immer korrekt. Wenn ihnen einmal etwas besonders gut gefällt und sie es unbedingt haben wollen, spielt das »Dein« auf einmal gar keine Rolle mehr.

Ganz wichtig für die soziale Kompetenz ist jetzt auch das beginnende Interesse an anderen Kindern. Ein umfangreicher Austausch mit Gleichaltrigen beginnt, es werden viele neue Erfahrungen im Umgang mit den kleinen Freundinnen und Freunden gesammelt. Die beste Umgebung dafür ist und bleibt der Kindergarten. Hier lässt sich die soziale Kompetenz durch das Spielen und Lernen mit Altersgenossen am besten und intensivsten trainieren. Das Kind kommuniziert mit anderen und lernt neue Spielregeln kennen. Zum ersten Mal wird es mit Dingen konfrontiert, die anders sind als zu Hause.

Gleichzeitig werden die Kinder aber auch in eine größere Gemeinschaft als es die Familie waraufgenommen. Innerhalb dieser Gemeinschaft bildet sich bald eine Hierarchie mit einem Anführer heraus, der bestimmt und sagt, wo es langgeht. Es ist klar, dass jedes Kind »seinen« Platz suchen muss. Aber dies geht meist mit Auseinandersetzungen einher. Dieser Konkurrenzkampf ist jedoch ganz in Ordnung, er gehört zum normalen Entwicklungsprozess eines Kindes dazu und bildet sein Durchsetzungsvermögen heraus. Manche Kinder kennen solche kleinen Konkurrenzkämpfe auch schon von zu Hause, wenn noch weitere Geschwister da sind. Zum ersten Mal spielen die Kleinen jetzt Rollenspiele und üben damit ihre sozialen Fähigkeiten.

Im Vorschulalter

Im Vorschulalter, mit fünf Jahren, ist bei den meisten Kindern die soziale Kompetenz schon so gut entwickelt, dass sie sich problemlos in Gruppen zurechtfinden und einfügen. Dabei gibt es auch schon so etwas wie Teamgeist. Mit anderen Kindern zu spielen macht jetzt sehr viel Spaß, auch wenn es dabei immer wieder zu kleinen Auseinandersetzungen kommt. Es gibt beispielsweise Streit um Spielsachen oder Zank darüber, dass einer mit dem anderen nicht teilen will. Kinder, die im Kinder-

Verschiedene Lernphasen

Etwa mit drei Jahren, also im Kindergartenalter, entdeckt Ihr Kind seinen Sinn für die Gemeinschaft, es entwickelt bestimmte Interessen und entdeckt sein »Selbst«. Im Vorschulalter spielt es mit großer Freude mit seinen Kameraden, nicht selten aber kommt es auch zu kleinen Streitereien. Wenn Ihr Kind vier bis sechs Jahre alt ist, lernt es, richtig mit anderen zu kommunizieren. Seien Sie als Eltern bei der Entwicklung der sozialen Kompetenz Ihres Kindes vor allem immer ein gutes Vorbild. So lernt Ihr Kind am besten.

garten und in der Vorschule genügend Gelegenheiten bekommen haben, ihre soziale Kompetenz zu entwickeln und auszuprobieren, sind gut gerüstet für ihr weiteres Leben, für die Schulzeit, die Ausbildung, das Studium und den Beruf.

Zwischen dem vierten und sechsten Lebensjahr ist vom Entwicklungsstand der Kinder her die beste Zeit, ihre Fähigkeiten zur Kommunikation, zum Miteinander, zum Austausch zu aktivieren. Sie als Mutter oder Vater sollten daher Ihr Kind immer wieder ermutigen, auf andere Kinder zuzugehen und mit ihnen zu spielen. Es darf jetzt viel Neues kennen lernen und sollte auf eine vielfältige Art und Weise mit seiner Umwelt in Kontakt kommen. Wecken Sie seine Neugier und geben Sie ihm die Möglichkeit, interessante Situationen zu erleben. Natürlich sollten Sie als Eltern Ihrem Kind dabei stets mit gutem Beispiel vorangehen. Sprechen Sie im Beisein Ihres Kindes einmal einen fremden Menschen an, tauschen Sie sich freundlich mit ihm aus. So lernt Ihr Kind am besten, dass Kontaktfreude Spaß macht, dass es schön ist, mit anderen zu plaudern, dass Aufgeschlossenheit und Toleranz eine große Bereicherung sein können.

Soziale Kompetenz: Darauf kommt es an

Das Wort »soziale Kompetenz« stammt aus dem Lateinischen. Dahinter stecken die Begriffe »socius« (= gemeinsam, verbunden) und »competere« (= zusammentreffen). Gemeint sind damit die Fähigkeiten im zwischenmenschlichen Bereich, etwa dass Gemeinsamkeiten die Grundlage für ein Zusammentreffen und einen Umgang miteinander sind. Ein Mensch gilt dann als sozial kompetent, wenn er sich auf die Anforderungen einer Situation zwischen zwei Menschen einstellen kann, wenn er beispielsweise die unterschiedlichen Interessen zweier Personen unter einen Hut zu bringen vermag.

Heutzutage ist die soziale Kompetenz bedeutender denn je. In der Erwachsenenbildung zum Beispiel wird das Erlernen sozialer Kompetenz als ein besonders wichtiges Lernziel betrachtet. Das heißt allerdings nicht, dass diese Ziele nicht auch schon Kinder in den Grundzügen erlernen können.

So erwirbt Ihr Kind soziale Kompetenz

- ✔ **Ausdrucksvermögen:** Kann Ihr Kind sich verständlich machen? Kann es seine Wünsche oder Absichten darlegen? Kann es sein Wissen anbringen und seine eigene Meinung verteidigen? Erlauben Sie als Eltern Ihrem Kind, dass es all seine Wünsche und Bedürfnisse ausdrücken darf, erkennen Sie diese auch an. Das heißt jedoch nicht, dass Sie alle stets erfüllen müssen!

- ✔ **Empfangen:** Auch Kinder können schon lernen, anderen zuzuhören und sie ausreden zu lassen. Dazu gehört das Beobachten anderer, die Wahrnehmung gruppendynamischer Prozesse. Eltern können ein großes Vorbild sein, indem sie selbst zuhören und Ihren Nachwuchs ausreden lassen, ihm aber auch ihre Beobachtungen mitteilen. Sehr wichtig ist, dass Sie Ihr Kind als vollwertiges Mitglied der Gruppe akzeptieren. Das heißt allerdings nicht, dass es mit Ihnen den Mitternachtskrimi ansehen sollte!

- ✔ **Offenheit:** Das heißt, Anregungen aufzunehmen und sinnvoll umzusetzen, sachlicher Umgang mit Kritik und die Bereitschaft, sich bei Konflikten mit anderen auseinander zu setzen. Offenheit zu erlernen ist besonders schwer, weil Kritik am Handeln immer auch ein wenig auf die Person abstrahlt. Offenheit bedeutet aber auch, dem anderen sachlich, deutlich, aber nicht verletzend die eigene Meinung zu sagen. Kritik sollte sich immer auf das Tun beziehen, nicht auf die Person. Eltern können ihren Kindern da sehr viel mitgeben. Loben Sie Ihr Kind offen, etwa so: »Das hast du sehr gut gemacht« oder »ich freue mich, dass du solch eine gute Zensur geschrieben hast«. Finden Sie aber auch beim Kritisieren klare Worte: »Mach das bitte nicht wieder, weil es mich kränkt« oder »zieh die Katze nicht am Schwanz, das tut ihr weh.« Nörgeln Sie bitte nie an Ihrem Kind selbst herum, an seinem Wesen oder Charakter. Beurteilen Sie vielmehr nur seine Taten. Sie als Eltern sollten auch bereit für die Kritik Ihres Kindes sein und Problemsituationen offen und ehrlich mit ihm besprechen.

✔ **Kooperation:** Dies ist die Fähigkeit, eigene Möglichkeiten zum Handeln zu erkennen, Verantwortung zu übernehmen oder zu delegieren, sich auf das Handeln anderer einzustellen und sich anpassen zu können. Die Konsequenzen eigenen Handelns zu erkennen ist für Kinder ein jahrelanger Lernprozess. Zwar können schon Einjährige einen losen Zusammenhang zwischen Ursache und Wirkung herstellen, allerdings dauert es noch zwei oder drei Jahre, bis sie auch begreifen, dass zum Beispiel der Finger schmerzt, wenn sie ihn in die Kerze halten. Erst etwa ab dem achten Lebensjahr können Kinder eine abstrakte Vorstellung von Ursache und Wirkung entwickeln, beispielsweise »wenn ich für die Oma etwas Schönes bastle, dann freut sie sich darüber.«

✔ **Gestaltung:** Hierbei geht es darum, wie man zwischenmenschliche Beziehungen aufnimmt und formt. Das ist ein Vorgang, den Kinder ab einem Alter von etwa acht Jahren bewusst steuern können. Dann nämlich sind sie in der Lage, ihr Handeln vorauszubestimmen, zum Beispiel »wenn ich Linda etwas zum Geburtstag schenke, darf ich sicherlich ihre Freundin sein.« Zu den gestalterischen Fähigkeiten gehört auch, seine eigene Position innerhalb einer Gemeinschaft zu bestimmen, an gruppendynamischen Prozessen beteiligt zu sein und Entschlüsse zu beeinflussen – zum Beispiel die Entscheidung, wo die Clique die Schulpause verbringt.

- ✓ **Identifikation:** Dies ist wohl das schwierigste Element der sozialen Kompetenz: die Fähigkeit, sich auf andere einzustellen und Konflikte der Situation entsprechend zu lösen. Auch für ältere Kinder ist dies noch eine Herausforderung, weil dabei viel Einfühlungsvermögen für andere (siehe Seite 74ff.) und Erkennen der eigenen Position innerhalb des Konflikts notwendig sind. Eine große Rolle spielt dabei, ob das Kind schon über ein klares Bewusstsein für die eigenen Möglichkeiten und Grenzen verfügt.

Die sozialen Fähigkeiten fördern

Sie können nicht früh genug damit beginnen, die emotionalen Fähigkeiten Ihres Kindes zu aktivieren. Wie Sie bereits gelesen haben, beginnt diese sanfte Schulung der Gefühle bereits mit der Geburt (siehe Seite 11). Durch die Entwicklung der emotionalen Intelligenz und etwas später auch der sozialen Fähigkeiten werden Sie Ihr Kind zu einem reifen, kompetenten Menschen heranwachsen sehen. Auch wenn es bis dahin ein langer, steiniger und manchmal an Verzweiflung grenzender Weg ist.

Theorie ist schön und gut, aber wie sieht denn nun die Praxis aus? Teilt Ihr Kind denn auch Ihren Wunsch, dass aus ihm ein liebenswerter, toleranter, aufgeschlossener Mensch werden soll, der mit seiner Umwelt in Harmonie lebt? Ihr Kind sollte am besten stets ein offenes Ohr für die Belange seiner Mitmenschen haben, andererseits seine klaren Vorstellungen davon, was er im Leben einmal erreichen möchte, auch verwirklichen. Hier stellt sich vor allem die Frage, wie Ihr Kind auf eine möglichst »ellenbogenfreie« Art und Weise zu seinem Ziel gelangen kann.

Kinder haben ihren eigenen Kopf

Oft haben Kinder ja ganz eigene Interessen, und während so mancher Entwicklungsabschnitte vermitteln sie wohl eher den Eindruck, als seien sie gerade dabei, total zu verwahrlosen und, bar jeglicher Erziehung, »wild« und von den Mitgliedern der Gesellschaft unbehelligt, heranzuwachsen. Eltern haben in solchen Fällen das Gefühl, völlige Versager zu sein, obwohl sie viel Zeit und Mühe investiert haben, um ein gutes Vorbild abzugeben, um auf die Probleme ihres Kindes einzugehen und immer wieder nach Lösungen zu suchen.

Die Kinder sind einfach trotzdem nörgelig, mürrisch und widerspenstig, sie lügen oder stehlen sogar, sie verwandeln sich in ein einziges großes Ärgernis für ihr Umfeld. Was ist aus dem einst netten, höflichen, liebenswerten Kind geworden, das die Eltern so sorgsam erzogen haben?

Ein kleiner Trost vorweg: Sie stehen mit Ihren Sorgen nicht alleine da, sehr vielen Eltern geht es so oder ähnlich. Fast alle Mütter und Väter werden mit mehr oder weniger schweren Erziehungsproblemen konfrontiert. Den Idealfall des stets braven, folgsamen, freundlichen und wohlerzogenen Kindes gibt es nicht. Leider? Zum Glück! Denn schließlich muss auch Ihr Kind früher oder später seinen eigenen Weg durchs Leben finden. Das gelingt aber nur über das Entdecken, das Ausprobieren und Erforschen. Und Sie als Eltern sollten während der »rebellischen« Phasen nicht vergessen, dass Sie selbst auch einmal ein Kind waren und Ihre Eltern sicher ebenfalls des Öfteren zur Verzweiflung gebracht haben, dass auch Ihr Vater und Ihre Mutter solche Zeiten sehr wohl miterlebt und durchlitten haben. Auch Sie waren einmal ein zweijähriges Kind, das scheinbar plötzlich taub wurde und überhaupt nicht hören wollte, wenn Mama es zur Vernunft rief. Oder wie war es, als Sie etwa sieben oder acht Jahre alt waren? Vielleicht haben Sie ja aus heiterem

Himmel angefangen zu lügen oder gar zu stehlen (ein Phänomen übrigens, das genauso schnell wieder verschwindet wie es gekommen ist), oder mit 13, als Sie nur noch freche Antworten gaben und sich nach Möglichkeit komplett aus dem Familienleben ausklinkten, weil Ihre Eltern eigentlich nur noch »peinlich« waren.

Trotzdem: Erziehung ist so richtig anstrengend und bedeutet nicht selten, dass Sie einen 16- bis 18-Stunden-Tag erleben, vor allem wenn Ihr Kind noch klein ist. Für sehr viele Probleme gibt es glücklicherweise auch zahlreiche gute Lösungen. Das kann durchaus dazu führen, dass Sie als Mutter oder Vater Erziehungsarbeit nicht nur als eine tages-füllende, sondern auch als eine er-füllende Tätigkeit empfinden, und dass Sie dabei Ihre Stärke und innere Ausgeglichenheit (fast) immer bewahren können. Zum Teil ist dies eine Frage der eigenen »Programmierung« und der Ihres Kindes. Tatsächlich findet täglich ununterbrochen so etwas wie eine Programmierung zwischen den Eltern und ihrem Kind statt. Jedes Wort, jeder Blick ist ein Teil der Programmierung, es kommt zu einem ständigen Informationsaustausch zwischen Ihnen und Ihrem Sprössling. In einer Eltern-Kind-Beziehung werden auch unausgesprochene Informationen bewusst oder unbewusst verstanden sowie ausgesandt.

Die moralische Intelligenz

So entwickelt sich das Gewissen

»Vielleicht hätte ich der Kassiererin doch das zu viel herausgegebene Wechselgeld wiedergeben sollen?« »Wäre es nicht besser gewesen, meinem Freund die Wahrheit zu sagen?« »Hoffentlich kriegt nie jemand heraus, dass ich in Mathe nur eine gute Note geschrieben habe, weil mich der Lehrer nicht beim Schummeln erwischt hat.« »Eigentlich hätte ich der alten Frau auch helfen können, die Dose aus dem Regal herunterzunehmen. Sie hat mich dermaßen hilfesuchend angeguckt.«

So oder ähnlich vernehmen wir unsere innere Stimme. Die kennt jeder, auch Sie und Ihr Kind. Sie bedeutet Konflikt: Wir setzen uns mit dem auseinander, was wir getan haben – oder was wir hätten tun sollen – oder auch was wir unterlassen haben. Kurzum: Wir haben ein schlechtes Gewissen – und das kann manchmal richtig drücken und nagen.

Was ist das Gewissen?

Wie soll sich ein Kind moralisch richtig verhalten? Wie kann es die Fähigkeit der »moralischen Intelligenz« erwerben? Und was ist das überhaupt? Robert Coles, Arzt, Lehrer, Kinderpsychiater, Harvard-Professor und Pulitzer-Preisträger schreibt in seinem Buch *The Moral Intelligence of Children*, dass es bei der »moralischen Intelligenz« um »unsere allmählich sich entwickelnde Fähigkeit, zwischen Richtig und Falsch, Gut und Böse zu unterscheiden« geht. Er hat untersucht, wie das moralische Denken durch Einflüsse außerhalb des Elternhauses geprägt wird: durch Schicht- und Rassenzugehörigkeit, durch soziale Ereignisse und kulturelle Faktoren. All das formt die charakterliche Entwicklung Ihres Kindes.

Wie steht es nun um die Moral Ihres Kindes – und vor allem um Ihre eigene? Haben Sie immer ein gutes Gewissen bei allem, was Sie tun? Jeder kennt den Satz: »Ein reines Gewissen ist ein gutes Ruhekissen.« Früher stickten unsere Großeltern so etwas gerne als Sinnspruch auf kleine Decken und hängten es in der guten Stube oder in der Küche an die Wand – als Erinnerung und Mahnung. Dieser Spruch hört sich natürlich prima an, er ist leicht zu merken und erklärt am Ende leider doch nicht viel. Außer vielleicht, dass man es sich auf einem reinen Gewissen bequem machen kann? Diese Einsicht hilft uns aber auch nicht weiter.

Also: Was ist das Gewissen? Was meinen wir eigentlich, wenn wir davon reden? Eines vorweg: Eine erschöpfende Antwort werden wir Ihnen hier nicht geben können. Aber Sie wollen Ihrem Kind Werte vermitteln und dazu gehört auch eine ungefähre Vorstellung von dem, was wir als Gewissen bezeichnen.

Norm und Instanz

Ein Blick in die Vergangenheit zeigt, dass im Laufe der Jahrhunderte immer wieder verschiedene Vorstellungen von Gewissen aktuell waren. Mal betrachtete man das Gewissen als die Stimme Gottes, die auf Richtiges und Falsches, Gutes und Böses hinweisen wollte. Der Philosoph und Mathematiker Leibniz sah das Gewissen als ein in den Menschen schon vorab eingebautes Wissen an, das er mit auf die Welt bringt. Oder ist das Gewissen doch eher eine durch Erziehung geprägte Instanz, die sich immer dann meldet, wenn es um Entscheidungen geht, wie es Sigmund Freud, der Begründer der Psychoanalyse, annahm?

Im Prinzip ist man davon bis heute überzeugt. Das Gewissen ist eine innere Stimme, die sich immer dann meldet, wenn wir uns entscheiden sollen. Dabei geht es stets um Moral. Und Moral bedeutet, dass wir eine Vorstellung davon haben, was Richtig oder Falsch, Gut oder Böse ist. Anders gesagt: Wir haben das Bewusstsein dafür erlernt, welche moralische Qualität unser Tun hat. Verhalten wir und unsere Kinder uns so, wie wir es als richtig erlernt haben, steht das Ruhekissen zur Verfügung, weil das Gewissen rein ist. Tun wir aber etwas, von dem wir wissen, dass es falsch ist, spricht diese innere Stimme zu uns. Das Gewissen meldet sich, wir kommen ins Nachdenken und Grübeln.

Das Gewissen ist also eine moralische Instanz, die uns ein Leben lang begleitet. Und wir spüren Schuldgefühle, wenn wir etwas tun, was mit unserem Gewissen nicht so ganz vereinbar ist. Diese Schuldgefühle spielen in unserem Leben eine große Rolle. Im Grundgesetz steht sogar, dass niemand etwas tun muss, was gegen sein Gewissen spricht, zum Beispiel brauchen junge Männer deshalb nicht unbedingt Soldaten zu werden.

Schuldgefühle zu haben ist eine äußerst quälende und lästige Angelegenheit. Jedenfalls nehmen wir es für die große Mehrheit der Menschheit an.

Deshalb versucht auch jeder, diese Schuldgefühle zu vermeiden, indem er nur die Dinge tut, die er mit seinem Gewissen vereinbaren kann. Ohne Frage ist auch das Zusammenleben mit anderen Menschen leichter und entspannter, wenn sich jeder in seinem Handeln nach seinem Gewissen richtet.

Das Gewissen als moralische Instanz, also die »moralische Intelligenz«, scheint jedoch für immer mehr Menschen in unserer Gesellschaft keine allzu große Rolle mehr zu spielen. Ja, manchmal könnte man sogar glauben, dass es vielen geradezu Spaß macht, gegen die allgemein gültige Moral zu handeln, sich über alle Grenzen hinwegzusetzen. Diese Art der Rebellion, das Aufbegehren und Missachten von Regeln und Prinzipien, von Achtung und Anstand, tritt vor allem bei Jugendlichen gehäuft auf. In einer kurzen Phase der Pubertät mag das ja noch verständlich sein, denn hier gehört es ein Stück weit zur normalen Entwicklung, zur Ablösung vom Elternhaus, zur Selbstfindung und Neuorientierung (siehe Seite 60f. »Pubertät: Suche nach dem Selbst«). Problematisch wird es aber, wenn gewissenloses Missachten jeglicher Normen und Regeln zum Dauerzustand wird, wenn die Kinder gar nicht mehr wissen, was gut und richtig ist. Den Nachwuchs frühzeitig zum »Gut-sein« zu erziehen, sollte deshalb ein zentrales Anliegen jeder Erziehung sein.

Die Eltern als oberste Instanz

Die moralische Entwicklung der Kinder dauert viele Jahre und beginnt mit der Geburt. Neugeborene wissen noch nichts über Moral, über Gut und Böse, Richtig oder Falsch. In den ersten Lebensjahren bilden die Eltern jedoch die Eckpfeiler des Gewissens bei ihren Kindern. Bis zu einem Alter von etwa vier Jahren ist es sogar so, dass Sie als Eltern die oberste moralische Instanz für Ihr Kind sind. Wenn Sie sagen, was Gut oder Böse ist, dann stimmt das in den Augen Ihres Kindes auch. Diese frühe Form des Gewissens erlernt es im Alltag, schon lange bevor es eigentlich genau begreift, was Moral ist. Dieses Empfinden funktioniert über

Ihre Ge- und Verbote: »Du darfst den Brei nicht vom Tisch schubsen«, »fass nicht an die Kerze, sie ist heiß«, »zieh den Hund nicht am Ohr, das tut ihm weh«, »grüße den Nachbarn«. Schauen Sie sich Ihren Alltag doch einmal etwas genauer an. Sie werden sicherlich schnell feststellen, dass er voller Vorschriften steckt. Das ist für Sie als Erwachsene allerdings so selbstverständlich, dass Sie gar nicht mehr bewusst darüber nachdenken. Für Ihr Kind jedoch ist das anders. Es muss all das, was die Erwachsenen längst können (aber auch als Kind einmal gelernt haben), erst mühsam erfahren und lernen. Dies funktioniert nur über ständiges Wiederholen und Ausprobieren.

Bis etwa zum siebten Lebensjahr prägen ausschließlich Sie als Eltern das Gewissen Ihres Kindes. In dieser Zeit werden die Grundlagen des moralischen Bewusstseins gelegt, die dann das ganze weitere Leben eine Rolle spielen. Vielleicht haben Sie sich selbst schon einmal bei etwas ertappt, bei dem Sie sich fragten, was wohl Ihre Eltern dazu gesagt hätten?

Erziehung zur Ehrlichkeit

Schuldgefühle sind eine unangenehme Sache. Erziehen Sie Ihr Kind von Anfang an zu Offenheit und Ehrlichkeit (siehe Tugendpaar 7, Seite xx), so kommt es gar nicht erst in Versuchung, Sie vielleicht anzulügen und dann ein schlechtes Gewissen zu haben. Auch hier ist es besonders wichtig, dass Sie mit gutem Beispiel vorangehen und diese Tugenden auch vorleben.

Mit etwa acht Jahren wird das Gewissen dann langsam selbstständig, man kann sagen, es wird nach und nach »erwachsen« und nicht mehr nur von den Eltern, sondern auch von der Schule, der Religion, von Bekannten und Freunden geformt. Ihr Kind lernt jetzt, zwischen den in Ihrer Familie geltenden moralischen Vorstellungen und denen »draußen in der Welt« zu unterscheiden. Diese Entwicklung hilft ihm, ein eigenes Gewissen auszuprägen. So ist ein Acht- oder Neunjähriger schon durchaus in der Lage, selbst eine Entscheidung aufgrund seines Gewissens zu treffen. Das Interessante daran ist, dass diese Entscheidung durchaus im Gegensatz zu den Moralbegriffen der Eltern stehen kann.

Sie sollten stets bedenken: Sie als Eltern tragen eine große Verantwortung bei der Entwicklung des Gewissens Ihres Kindes. Und dazu gehört auch, wie Sie mit den Schuldgefühlen Ihres Sprösslings umgehen, wenn er etwas Böses getan hat. Ihr Kind ist über seine »Missetaten« wahrscheinlich richtig unglücklich und verzweifelt, weil es gegen etwas verstoßen hat, wovon es fest überzeugt ist. Dass es sich dafür schämt, ist ganz in Ordnung. Allerdings sollten Sie als Eltern darauf achten, dass sich aus diesem Schamgefühl nicht mehr entwickelt, etwa Angst, Schuld- oder sogar Minderwertigkeitskomplexe. Reden Sie deshalb mit Ihrem Kind darüber. Wenn es zum Beispiel etwas gestohlen hat und aus diesem Grund jetzt ganz unglücklich ist, können Sie ihm vorschlagen, das Gestohlene am nächsten Tag zurückzubringen und ihm anbieten, mitzugehen. Wichtig ist dabei, dem Kind klar zu machen, dass es selbst viel dafür tun kann, damit sein Gewissen wieder rein ist, etwa indem es sich für das, was es getan hat, entschuldigt. Sorgen Sie aber auch dafür, dass es des »Guten« nicht zu viel tut. Ist Ihr Kind schon etwas älter, können Sie ihm auch vorschlagen, den begangenen Fehler nicht überbewerten, sondern ihn als Chance zu sehen, so etwas nie wieder zu machen.

Hinein ins Leben: was Kinder moralisch lernen

Vom Säugling zum Kleinkind

Die Fähigkeiten entwickeln sich langsam

Wenn ein Baby zur Welt kommt, ist es noch ein unbeschriebenes Blatt. Ein Säugling hat noch keine Erfahrungen gemacht, er hat keine Erinnerungen, noch nicht einmal ein Selbstbewusstsein, ganz zu schweigen von einem Wertesystem. Verglichen mit Tierkindern, etwa Entenküken, die bereits kurz nach der Geburt aus dem Nest flüchten, kann ein Baby praktisch nichts. Da es eine sehr ungeschärfte Wahrnehmung hat, muss das Kleine erst langsam alle Fähigkeiten entwickeln, die es dann in fünf oder sechs Jahren zu einem fröhlichen, aufgeweckten (Vor-) Schulkind und noch viel später zu einem ernsthaften, klugen Erwachsenen machen. Es muss viel lernen und erleben, bis es sich schließlich als vollwertiges Mitglied unserer Gesellschaft fühlen kann.

Auf das Neugeborene wartet eine enorme Entwicklung. Denn es ist ganz und gar nicht leicht, die komplexen Zusammenhänge des menschlichen Zusammenlebens zu begreifen, die Spielregeln zu lernen, wie Menschen miteinander umgehen und sich dann auch noch daran zu halten. Der Weg zu einem klugen, emotional gefestigten, sozial kompetenten Menschen erfolgt in winzigen Schritten, ungefähr so, wie ein kleiner Mensch laufen lernt. Ein Kind steht ja nicht auf einmal auf und spaziert umher, es nimmt dann auch nicht zwei Tage später am ersten 100-Meter-Lauf teil.

Ein mühsamer Lernprozess

Zuerst lernt das Baby, sich vom Rücken auf den Bauch zu rollen und den Kopf zu heben. Nach vielen »Übungseinheiten« kommt mit etwa sieben oder acht Monaten dann das freihändige Sitzen dazu, noch später der Vierfüßlerstand. Schließlich zieht sich das Kleine – viele haben da bereits ihren ersten Geburtstag hinter sich – am Sofa hoch, es kann alleine stehen und macht dann den ersten

Schritt, um sich gleich anschließend erst einmal wieder hinzusetzen oder auch auf den Boden plumpsen zu lassen. Es wird noch einige Monate dauern, bis das Kind sicher laufen kann.

So wie das Laufen lernen Kinder auch alles andere nach dem Prinzip »klein anfangen, dann langsam aufbauen«. Beim Erlernen von Werten ist es ganz ähnlich, allerdings mit dem Unterschied, dass dieser Lernprozess über viele Jahre hinweggeht. Wir beschreiben auf den folgenden Seiten die Zeit bis zur Pubertät. Aber auch später, als Erwachsener, wird Ihr Kind in Sachen Werte durchaus noch etwas dazulernen. Das werden Sie – Hand aufs Herz – sicher auch für sich selbst so sehen, nicht wahr?

Keine zu großen Erwartungen!

Was Sie als Eltern immer beherzigen sollten: Kinder können nur das lernen, wozu sie auf ihrer jeweiligen Entwicklungsstufe in der Lage sind. Das ist auch für die Vermittlung von Werten sehr wichtig. Niemand erwartet von einem drei Monate alten Kind, dass es laufen kann. Aber wie ist das mit der jungen Mutter auf der Straße, die ein Handy in der Hand hält und ihrem drei Monate alten weinenden Kind erklärt: »Jetzt sei mal bitte still, Mama muss telefonieren.« Versucht da jemand gerade, seinem Kind den Wert der Rücksichtnahme zu vermitteln? Ist es nicht noch viel zu klein, um das verstehen zu können?

In vielen Dingen wissen Eltern genau Bescheid, wann ein Kind etwas können sollte. Dafür gibt es glücklicherweise auch zahlreiche Ratgeber, die genau erklären, wann ein Kind laufen kann, wann es sprechen lernt, in welchem Alter es mehr oder weniger unfallfrei Messer und Gabel zu benutzen vermag, wann es sich selbstständig anziehen kann und so weiter. Aber für die Vermittlung von Werten gilt das leider so nicht. Deshalb überfordern Eltern ihre Kinder häufig ungewollt, indem sie zu früh zu große Erwartungen in das setzen, was die Kleinen können sollten. Dazu gehört auch das Beispiel der jungen Mutter und ihrem Kind. Natürlich versteht das Kleine kein Wort. Es hat noch keine Vorstellung

Keine Rücksicht

Babys sind noch viel zu klein und haben noch viel zu wenig Lebenserfahrung, als dass sie ein Verständnis für ihre Mitmenschen und ihre Umwelt aufbringen könnten. Auch Werte kann man ihnen noch nicht vermitteln, denn zunächst geht es erst einmal nur um ihre wichtigsten Bedürfnisse, nämlich das Essen und Schlafen.

davon, was ein Handy ist, was Telefonieren bedeutet. Und dass da ein Zusammenhang zwischen seinem Weinen und Mamas Versuch, die Freundin zu erreichen bestehen könnte, begreift es natürlich überhaupt nicht. Warum auch? Nur seine Bedürfnisse spielen in seiner überschaubaren Mini-Welt eine Rolle. Etwas anderes zählt nicht, das kommt erst später.

Babys sind kleine Egoisten

Säuglinge im ersten halben Lebensjahr sind das, was man unter Erwachsenen als »Egoisten« bezeichnet. Nur das persönliche Interesse zählt. Zu mehr kann so ein kleiner Mensch auch gar nicht in der Lage sein. Das Gehirn befindet sich noch im Aufbau und wird erst in ein oder zwei Jahren so weit sein, wesentlich komplexere Leistungen wie zum Beispiel die Entdeckung der eigenen Persönlichkeit und die Geburt des Selbstbewusstseins zu vollbringen. Bis dahin ist die Welt für den Winzling noch ganz einfach: gut essen, wenn der Hunger kommt, viel schlafen und erholen, denn das rasche Wachstum ist ganz schön anstrengend, zwischendurch ein wenig Körperpflege mit Waschen und Windelwechsel, in den allmählich länger werdenden Wachphasen ein bisschen nette Unterhaltung mit Mama, Papa oder den Geschwistern.

Das Leben ist also noch recht überschaubar und klar geregelt. Mehr kann so ein Winzling noch nicht verkraften oder begreifen. Auch wenn ein Baby kaum etwas vom Leben weiß, so ist es auf emotionaler Ebene, in der Welt der Gefühle, bereits fit. Es begreift ganz schnell, ob es das, was es braucht, auch bekommt. Die rasche Befriedigung seiner Bedürfnisse ist eigentlich alles, was den Säugling interessiert. Sobald der Hunger kommt, muss er gestillt werden, denn er kann noch nicht warten, schließlich weiß er noch gar nicht, was Zeit bedeutet. Eine Minute? Eine Stunde? Einerlei, wenn der Hunger kommt, kann das nur eines zur Folge haben: Essen muss her, aber bitte schnell!

Die rasche Befriedigung macht, wie das Wort schon sagt, das Baby zufrieden. So bildet sich sein Urvertrauen heraus. Das Kleine merkt: »Prima, es ist immer jemand da, der sich um mich kümmert. Das kann doch nur eines bedeuten, nämlich dass ich geliebt werde, dass ich wichtig bin und dass meine Eltern mich ernst nehmen. Ich bin toll. Das Leben ist schön.«

Urvertrauen ausbilden

Wie Forscher heute wissen, prägt dieses Urvertrauen Ihr Kind für sein ganzes Leben. Es ist die Grundlage für Selbstvertrauen, Selbstbewusstsein und Selbstwertgefühl. Dieses Bild von sich selbst stellt bei jedem Menschen wiederum das Gerüst für viele Werte dar. So ist zum Beispiel eine hohe soziale Kompetenz (siehe Seite 27ff.) nur dann erlernbar, wenn auch genügend Selbstvertrauen, Selbstbewusstsein und Selbstwertgefühl vorhanden sind. Die Entwicklung des Urvertrauens ist im Alter von etwa einem halben Jahr im Großen und Ganzen abgeschlossen. Übrigens ist dies eine Phase, die später nicht mehr nachzuholen ist. Das Urvertrauen steht am Anfang. Bekommt ein Baby keine Chance, es zu entwickeln, weil niemand auf seine Bedürfnisse eingeht, wird es auch später keine Möglichkeit mehr haben, dieses zu entwickeln.

Mit etwa sechs Monaten interessiert sich das Baby dann immer mehr für seine Umwelt. Sehen und Hören funktionieren perfekt, und alles, was um das Kleine herum geschieht, interessiert es sehr. Ein soziales »Engagement« entwickeln Babys in den ersten zwölf Lebensmonaten jedoch noch nicht. Das kann man zum Beispiel daran beobachten, dass Krabbelgruppenkinder nichts miteinander anzufangen wissen. Die Kleinen spielen in diesem Alter noch nicht zusammen, sie nehmen auch keine Rücksicht aufeinander. Der Grund dafür liegt darin, dass Babys nichts über sich selbst wissen. Sie nehmen sich selbst noch nicht als eine eigenständige Person wahr. Ein so kleines Kind sieht sich nach wie vor als Teil seiner Mutter. Langsam aber entwickelt sich jetzt das Zeitgefühl und das Kleine kann auch schon mal ein, zwei oder sogar drei Minuten – aber auf keinen Fall länger – warten. Für kurze Zeit sind die Kinder jetzt in der Lage, sich selbst zu beruhigen. Sie betrachten beispielsweise ganz interessiert das Mobile über dem Bett oder sie spielen mit ihren Fingerchen. Allerdings funktioniert diese Art der Selbstberuhigung nur, wenn das Kind keinen Hunger hat und ihm nichts wehtut.

Schon kleine Kinder brauchen Grenzen

✔ **Eine kleine Alltagsgeschichte:** Vor der kleinen Maja ist nichts mehr sicher. Seitdem sich die Kleine an einem Tisch oder Stuhl selbst hochziehen und die ersten Schritte machen kann, hat sich ihr Aktionsradius gewaltig erweitert. Mit großem Eifer räumt die Einjährige Bücherregale aus, sie untersucht mit Hingabe jede Schublade bis ins letzte Detail und wirft ihr Spielzeug mit Begeisterung durch die Gegend. Majas Mutter versucht, der Kleinen immer wieder klar zu machen, dass sie das nicht darf. Da das Mädchen aber nicht gehorcht, rutscht der Mama schließlich ein wenig die die Hand aus und das Kind bekommt einen leichten Klaps auf den Po. Erschrocken fängt Maja an zu weinen. Die Mutter erklärt ihr: »Du darfst nicht immer deine Bauklötze durch die Gegend werfen!« Doch kaum hat sich Maja wieder beruhigt, steuert sie auch schon zielstrebig das nächste Regal an.

Recht früh, etwa im Alter von 14 oder 15 Monaten, vollzieht sich bei den meisten Kindern ein geradezu revolutionärer Entwicklungsschritt: Sie lernen Laufen. Das bedeutet, dass sie auf einmal blitzschnell (fast) überall hinkommen, wo sie nur wollen. Und das zu jedem gewünschten Zeitpunkt, denn schließlich können sie sich jetzt selbstständig in Bewegung setzen. Ganz nach

✓ Ist die Krabbelgruppe wichtig?

Krabbelgruppen sind eine prima Einrichtung. Mütter können neue Kontakte knüpfen, sich austauschen und Tipps bekommen oder weitergeben. Für Babys ist eine Krabbelgruppe allerdings weniger interessant. Aufgrund der geistigen Entwicklung begreift ein Kind im Krabbelalter noch nichts davon, was außerhalb seines kleinen Universums, das aus Mama und ihm besteht, vor sich geht. Meistens ignorieren sich die Kinder nach Kräften. Manchmal kommt es sogar auch vor, dass ein Kind zu den anderen grob wird und nicht in der Gruppe sein möchte. Das ist überhaupt kein Problem und wirft das Kind in seiner Entwicklung nicht zurück. Fühlt sich Ihr Kleines jedoch nicht wohl, sollten Sie es aus der Gruppe herausnehmen und vielleicht zu einem etwas späteren Zeitpunkt ausprobieren, ob es nicht doch noch klappt.

eigenem Gusto vermögen die Kinder nun ihre Umwelt zu erforschen und tausend hochinteressante Dinge zu entdecken und zu untersuchen.

Mit dieser neu gewonnenen Mobilität und den damit verbundenen, bisher ungeahnten Möglichkeiten beginnen die Kinder auch zu realisieren, dass ihre plötzliche Unabhängigkeit etwas mit ihnen selbst zu tun haben muss. Die Kleinen entdecken ihren eigenen Willen und finden schnell heraus, was passiert, wenn sie mit ihren Händen Bauklötze aufeinander stapeln und diese gleich darauf höchst erfreut wieder umwerfen. Sie können nun Schubladen aufziehen und deren Inhalt gründlich untersuchen. Sie nehmen auch einmal einen Stift in die Hand und (sehr gut!) ziehen diesen über ein Blatt Papier oder (weniger gut!) über die frisch gestrichene Raufasertapete im Flur der elterlichen Wohnung. Die Kinder erfahren zum ersten, aber nicht zum letzten Mal das Prinzip von Ursache und Wirkung, nach dem Motto: »Wenn ich etwas tue, dann passiert etwas.«

Die Kleinen stellen fest, dass die Mama auf ihre Handlungen und Gesten reagiert, dass sie zum Beispiel lacht oder etwas streng dreinschaut, auch registrieren sie natürlich ihr verbietendes »Nein« oder gar den kleinen Klaps auf den Po. Aber Kleinkinder lassen sich von solchen Reaktionen in keiner Weise abschrecken. Vielmehr sind sie über die verschiedenen Wirkungen und Reaktionen immer wieder überrascht – oder auch entzückt. Die Eltern, Großeltern und Geschwister damit ärgern zu wollen, indem sie zum soundsovielten Mal den Trinkbecher vom Hochstuhl auf den Boden fallen lassen, so strategisch kann ein Kleinkind noch nicht denken. Vielmehr ist es rätselhaft, wie der Becher schon wieder dort unten landen konnte. Sollte das doch etwas damit zu tun haben, dass man ihn über die Tischkante des Hochstuhls geschoben hat? Na, egal, man wird der Sache bestimmt auf den Grund gehen. Dazu muss aber der Becher erst einmal wieder her. Wie das funktioniert, ist jedenfalls schon mal klar: die Arme ausstrecken, etwas ungnädig nörgeln, das reicht meist schon aus.

Das Ausprobieren von Ursache und Wirkung ist einfach zu spannend und kann – meistens sehr zum Frust der Eltern – endlos weitergespielt werden. Langeweile kommt da so schnell nicht auf. Alles muss in die Hand genommen, in den Mund gesteckt und untersucht werden. Was passiert, wenn ich den kleinen Gummiball mit Schwung wegwerfe? Was geschieht, wenn ich das Regal mit den Büchern ausräume? Warum macht das Papier so ein interessantes Geräusch, wenn ich es zerreiße? Die kleinen Kinder wollen genau wissen, was passiert, wenn sie mit dem Löffel auf den Brei hauen – hui, das Essen fliegt durch die Gegend und, oh je, Mama wird laut. Aber das testen die Kleinen immer wieder aus.

Auf der Suche nach Grenzen

Die Eltern der Kleinkinder sind oft davon überzeugt, dass diese manchmal schon ganz genau wissen, was sie tun. »Ich kenne doch diesen Gesichtsausdruck, wenn sich meine Süße mal wieder eine Schublade vorgenommen hat«, sagt Majas Mutter. Damit hat sie auch Recht, denn ihre Tochter ist jetzt in einem Alter, in dem sie anfängt, nach Grenzen zu suchen. Nach Grenzen, die ihre Mutter setzen muss. Ein deutliches »Nein« in Verbindung mit einem ernsten Gesichtsausdruck ist für Maja ein klares Signal, dass sie mit dem Löffel nicht in den Brei schlagen darf. Dieses »Nein«, ergänzt durch ein »Das darfst du nicht!« kann sie mit etwa einem Jahr bereits verstehen. Auch wenn sie es nach zwei Minuten bereits wieder vergessen hat und mit dem Löffel erneut kräftig ausholt, um ihn in den Brei zu schlagen.

Dann immer die Nerven zu behalten, ist für Mama nicht einfach. Zu einem großem Problem kann es für Eltern vor allem dann werden, wenn sie der Meinung sind, dass die Kleinen absichtlich mit dem Essen spielen, weil sie sich langweilen oder um sie zu ärgern.

Sie als Eltern müssen unbedingt wissen, dass Ein- oder Zweijährige noch nicht in der Lage sind, sich in einen anderen Menschen hineinzuversetzen. Dies ist aber eine notwendige Voraussetzung dafür, etwas tun zu wollen, von dem man weiß, dass es einen anderen zur Weißglut bringen wird. Alles, was Kinder im Alter der kleinen Maja hingegen interessiert, ist, herauszufinden, wo sie an ihre Grenzen stoßen. Und von ihrer Mutter erwarten sie – wenn auch noch unbewusst –, dass sie diese Grenzen verteidigt. Die Kleinen wollen erfahren, dass es auch beim fünften oder zehnten Versuch immer noch verboten ist, mit dem Löffel in den Brei zu schlagen.

Eltern verlieren da nicht selten die Geduld und sie schaffen es nicht, ihr Kind ein weiteres Mal liebevoll, aber ernsthaft zu ermahnen. Bei ihrer Kritik geht es dann eigentlich nur um seine Tat, aber nicht um das Kind als Person. Ihr Nachwuchs jedoch kann das nicht differenzieren. Platzen Sie also keinesfalls mit emotionalen Sätzen heraus wie »du gehst mir furchtbar auf die Nerven!« Ziehen Sie besser schnell die Notbremse und gönnen Sie sich und Ihrem Kind eine Auszeit. Setzen Sie es beispielsweise für ein paar Minuten in den Laufstall, bis sich alle wieder beruhigt haben. Oder schaffen Sie clever Abhilfe, so wie Majas Mutter: Nachdem die Kleine innerhalb eines Vormittags zum dritten Mal den Bücherschrank bis zur Höhe von einem Meter entleert hat, stellt die Mama die Bücher eine Etage höher. Für ihre Tochter bedeutet das so viel wie »aus den Augen, aus dem Sinn.« Von da an ist Schluss mit den Räumaktionen.

Darf mein Kleines hauen und beißen?

Im Alter von ein oder zwei Jahren sind die physischen Möglichkeiten eines Kindes meistens besser entwickelt als die sprachlichen. Es drückt sich somit gerne mit vollem Körpereinsatz aus. Dass dabei aus einem zärtlich gemeinten Tätscheln des Gesichts schnell mal ein »linker Schwinger« werden kann, liegt eher daran, dass die feinmotorischen Fähigkeiten, also die Kontrolle über die Bewegungen aller Gliedmaßen, noch nicht so ganz perfekt sind. Trotzdem sind Eltern manchmal erschrocken darüber, wie rüde ihr Kind mit Altersgenossen umgeht.

Im Sandkasten wird gerangelt, mit Spielzeug geworfen und geschlagen. Das gegenseitige Ziehen an den Haaren – sofern schon zur Genüge vorhanden – scheint bei den Knirpsen zum ganz normalen Umgangston zu gehören. Da wird auch schnell mal ein Kind umgeschubst oder gar in den Arm gebissen, so dass dort ein kleiner Abdruck zu sehen ist. Die ersten eigenen Zähne im Beißversuch auszuprobieren halten die Kleinen anscheinend für nichts Verwerfliches. Ist es auch nicht, wenngleich die Eltern eigentlich ganz andere Vorstellungen vom Umgang ihrer Kleinen haben. Für die Kinder ist es vielmehr interessant, ihre eigenen Möglichkeiten auszuprobieren. Was passiert, wenn ich meinen Nachbarn mal ein bisschen kneife? Ah, interessant, er fängt an zu weinen! Oder: Oha, der haut zurück!

Im diesem Alter sind Kinder außerdem noch sehr egozentrisch, also auf ihr sich langsam entwickelndes Ich (lat. »ego«) konzentriert. Von Einfühlungsvermögen in andere kann da noch keine Spur sein. Sich in einen anderen Menschen hineinzuversetzen ist natürlich noch nicht möglich. Reden Sie aber trotzdem in aller Ruhe mit Ihrem

Wichtig: ein klares »Nein«

Ein- oder Zweijährige können ein »Nein« verstehen. Was zusätzlich hilft, ist, die Situation zu entschärfen. Bei einer wilden Keilerei im Sandkasten sollten Sie die Missetäter voneinander trennen und ihnen in aller Ruhe eine kleine Auszeit gönnen, bis sich alle wieder beruhigt haben. Zu Hause kann da auch schon eine kleine Pause im Kinderzimmer helfen. Auf jeden Fall sollten Sie als Eltern aus einer Prügelei kein Drama machen. Kinder vergessen schnell – und auch wenn sie sich gerade eben noch leidenschaftlich gehauen haben, spielen sie möglicherweise fünf Minuten später schon wieder friedlich miteinander.

Kind und gönnen Sie ihm eine Auszeit (siehe Kasten Seite 50). Kinder denken eher so: »Wenn ich das ausprobieren kann, warum soll ich es dann nicht auch tun? Solche neuen tollen Fähigkeiten muss man doch einfach testen!« Mit diesem Ausprobieren suchen die Kinder nach ihren Grenzen. Sie wollen jetzt herausfinden, wie weit sie gehen dürfen, auch bei anderen. Langsam beginnen sie, eine erste Vorstellung davon zu bekommen, was Spielregeln sind und wie sie lauten und zu beachten sind.

Kindern Grenzen zu setzen ist für viele Eltern nicht ganz einfach. Wie soll ich mich verhalten, wenn mein Kind plötzlich aus der Rolle fällt und wild um sich schlägt? Soll ich mein Kleines zurückreißen? Oder muss ich es gewähren lassen? Vielleicht ist es aber besser, es ihm mit gleicher Münze heimzuzahlen, es anzubrüllen oder zu schlagen? Manche Eltern fordern dann das andere Kind auf, ebenfalls auszuteilen. Ist das der richtige Weg?

Wie bereits erwähnt: Kinder sind sich in diesem Alter über das, was sie tun – und wie es beim anderen ankommt – nicht im Klaren. Sie haben aber schon eine Vorstellung von »Ja« und »Nein«. Ein deutliches »Nein« ist auf jeden Fall wichtig, um dem Kind begreiflich zu machen, dass es andere nicht schlagen darf. Dazu gehört natürlich auch der entsprechende ernste Gesichtsausdruck. Er soll Ihr

✔ Auszeiten bauen Stress ab

Um eine etwas aus den Fugen geratene Situation wieder zu beruhigen, ist es wichtig, die Streithähne zu trennen und ihnen die Gelegenheit zu geben, sich wieder zu fangen. Beachten Sie dabei:

- Sagen Sie Ihrem Kind in einem ruhigen, aber bestimmten Ton, warum es etwas nicht tun darf, zum Beispiel: »Du darfst dem Jungen den Ball nicht wegnehmen, denn er gehört ihm.«
- Konzentrieren Sie sich darauf, immer nur die Tat anzusprechen, etwa indem Sie sagen »hauen darf man nicht«. Verurteilen Sie nicht das Kind selbst, beispielsweise durch den Satz »du bist heute wieder so böse!«. So ein Pauschalurteil ist nämlich keine Bestrafung für eine Tat, sondern sie drückt Ihre Ablehnung gegenüber Ihrem Kind aus. Und das spürt es. Es wird sich dann eher mit der Frage beschäftigen, warum es abgelehnt wird als dass er darüber nachdenkt, warum es besser ist, mit dem anderen Kind friedlich in der Sandkiste zu spielen anstatt es zu prügeln.

»Nein« unterstreichen. Es ist gar nicht notwendig, dass Sie Ihr Kind dabei übermäßig laut ansprechen, an ihm herumzerren oder es womöglich anbrüllen. Was es daraus lernen würde, wäre allenfalls, dass es wohl zu den üblichen Umgangsformen gehört, körperlich aggressiv zu reagieren und zu brüllen. Denn was die Eltern, die absoluten Vertrauenspersonen und Vorbilder tun, kann – zumindest nach der kindlichen Logik – ja auf gar keinen Fall falsch sein.

Kinder bis vier Jahre: in einer Welt voller Fantasie

✔ **Eine kleine Alltagsgeschichte:** Der vierjährige Frank sitzt in seinem Zimmer und spielt. Als seine Mutter über den Flur läuft und an seiner Tür vorbeikommt, hört sie ihn reden: »Komm, hier geht's lang, pass auf, stoß dir nicht den Kopf an!«. Neugierig bleibt Franks Mutter stehen und lauscht. Nun hört sie ihren Sohn weiterplaudern: »Hast du Hunger? Möchtest du etwas essen?« Die Mama öffnet vorsichtig die

Tür und schaut ins Zimmer hinein. Dort sitzt ihr Sohn auf dem Boden und blickt sie mit großen Augen an. »Mit wem redest du denn da?«, erkundigt sich die Mutter erstaunt. »Ach, jetzt hast du ihn vertrieben«, beklagt sich der Junge. »Ja, aber wen habe ich denn vertrieben?«, fragt Franks Mama völlig verwundert, während sie sich nochmals genau im Zimmer umschaut. »Na, den Mike«, antwortet der Junge. »Wer ist denn Mike?« Jetzt kennt sich Franks Mutter überhaupt nicht mehr aus. »Mike ist mein neues Pony«, klärt der Junge sie mit fester Stimme auf, so, als wäre er davon vollkommen überzeugt.

Franks Mutter ist beunruhigt. Neuerdings erzählt ihr Sohn unwahre Geschichten. Letzte Woche war es sogar peinlich: Da hatte Frank berichtet, dass seine Erzieherin aus dem Kindergarten ein Kind bekomme. Franks Mutter hatte leise Zweifel, weil man noch gar nichts davon sah. Aber da bis zum vierten Monat eine Schwangerschaft oft noch gar nicht offensichtlich ist, gratulierte sie der jungen Frau schließlich trotzdem. Die war ganz verwundert: »Ich? Schwanger? Leider nicht! Ich habe mich gerade von meinem Lebensgefährten getrennt.« Oh je, das war Franks Mutter ziemlich unangenehm. Über ihren Sohn war sie natürlich ziemlich wütend. Ist er etwa ein Lügner? Wie konnte das geschehen? Sie hatte immer gedacht, ihn richtig zu erziehen und ihm zu vermitteln, dass er stets die Wahrheit sagen muss. Die Mutter beruhigte sich erst wieder, als die Erzieherin ihr erzählte, dass ihr Sohn offensichtlich in der »magischen Phase« sei.

Eine eigene Wirklichkeit

Im Alter zwischen drei und vier Jahren lernen die Kinder nämlich langsam, in ihre Umwelt hineinzuwachsen. Sie beginnen, eine recht gute Vorstellung von der Realität um sich herum zu entwickeln. Selbstverständlich gibt es dabei noch große Lücken, welche die Kinder jedoch mit ihrer Fantasie und auch eigenen Überlegungen füllen.

Mit ihrer Kreativität und ihrem festen Glauben an die Macht der Fantasie schaffen sich die Kids so ihre eigene Wirklichkeit, und sie leben darin ihre Wünsche und Ängste aus.

Geheime Ängste

Anstatt mit ihrem Sohn wegen seiner »Lügengeschichten« zu schimpfen, fragt Franks Mutter dann auf Anraten der Erzieherin, warum er so etwas erzählt. Schließlich kommt sie dahinter, dass ihr Sohn gerne einen Spielkameraden hätte, am besten ein Tier, das immer tut, was er sich wünscht und dass Frank Angst hat, seine heiß geliebte Erzieherin könnte ihren Job beenden, weil sie ein Kind bekommt. Franks Mutter ist ziemlich erstaunt darüber, dass sich ihr Sohn mit solchen Gedanken beschäftigt. Auch seine Ängste und die Art, wie er versucht, sie mit Hilfe der »magischen Phase« in den Griff zu bekommen, versetzen sie in große Verwunderung und Sorge.

Aber keine Bange, dies ist nichts Außergewöhnliches. In Kindergarten und Vorschule lernen Kinder, rücksichtsvoller und kooperationsbereiter zu werden. Die Abgrenzung zur Umwelt entwickelt sich. Die Kinder begreifen langsam, was »ich« bedeutet. Sie entdecken ihr Selbst und merken, dass sie eigene Gedanken und Gefühle haben, sogar selbst Handlungen auslösen und steuern können. Die Kinder entwickeln ihre Persönlichkeit. Und auch im Verständnis für andere machen die Kleinen in diesem Alter Fortschritte. Sie bekommen allmählich eine Vorstellung davon, was es bedeutet, wenn anderen etwas wehtut, sie können manchmal schon ein wenig Rücksicht nehmen. Bei allen Ansätzen von Mitgefühl und Nachempfinden sind die Kinder aber noch nicht

Gute Vorbilder gesucht

Sie als Eltern sind für Ihr Kind in diesem Alter das größte Vorbild. Es nimmt wahr, welche Rollen Vater und Mutter spielen, es findet heraus, welches Verhalten nachahmenswert ist und wofür es gelobt wird. Ganz allmählich entdeckt Ihr Kind dabei auch seine Geschlechterrolle. Der Papa ist meist das »Maß aller Dinge« für die Buben, während die Mädchen lieber der Mama nacheifern.

in jeder Situation in der Lage, sich angemessen zu verhalten. Der Abschied davon, die Welt durch die »Alles-meins-Brille« zu sehen, ist ein harter Weg, auf dem es nur ganz langsam vorangeht. Mit anderen zu teilen beispielsweise kommt dabei nur selten vor. Denn der Wunsch, die Süßigkeiten lieber allein zu verputzen statt etwas davon abzugeben, ist einfach viel größer als das Verständnis dafür, dass dem anderen Kind die Schokolade wahrscheinlich auch ganz gut schmeckt.

Vorschul- und Schulkinder

Mit Schuldgefühlen umgehen

Mit etwa fünf Jahren kennen die Kinder bereits viele Regeln innerhalb der Familie und sie sind auch in der Lage, sich daran zu halten. Zu diesen Regeln gehören Vereinbarungen wie den anderen ausreden zu lassen, »Bitte« und »Danke« zu sagen, beim Essen nicht mit offenem Mund zu kauen oder mit vollem Mund zu sprechen, ab und zu das benutzte Geschirr abzuräumen oder sich die Hände zu waschen, wenn man von draußen kommt. Trotz des im Vergleich zu früher viel kooperativeren und rücksichtvolleren Verhaltens sind viele Eltern manchmal entsetzt über ihren Nachwuchs. Etwa wenn der Fünfjährige im Supermarkt auf einmal Süßigkeiten stiehlt, wenn die knapp Sechsjährige die Oma frech anlügt oder ihrer besten Freundin etwas wegnimmt und behauptet, es gehöre jetzt ihr.

Bewahren Sie als Eltern in solchen Phasen am besten die Ruhe. Stehlen und Lügen, so abwegig das auch klingt, gehört in diesem Alter zur kindlichen Entwicklung dazu. Denn mit fünf bis sechs Jahren kann der Wunsch, etwas haben zu wollen, durchaus stärker sein als die reellen Möglichkeiten. Obwohl das Kind eigentlich weiß, dass es sich etwas nimmt, was ihm nicht gehört, ist das Verlangen, es doch zu besitzen, einfach zu stark. Es kann nicht widerstehen. Kommen Sie als Eltern möglichst jetzt nicht mit einer

Moralpredigt daher. Stattdessen sollten Sie verständnisvoll mit Ihrem Kind reden, ihm klar machen, dass es das Gestohlene nicht behalten kann oder dass es überhaupt nicht gut ist, die Oma anzulügen. Das Kind nun zu tadeln, beispielsweise mit den Worten »das ist sehr ungezogen von dir, zur Strafe bekommst du Naschverbot«, hilft jetzt nicht wirklich weiter. Dies vermittelt Ihrem Kind eher den Eindruck, es selbst sei schlecht und nicht das, was es getan hat. Machen Sie also den feinen Unterschied und reden Sie von der Tat Ihres Kindes, nicht von ihm selbst.

Erklären statt predigen

Besser ist es, wenn Sie Ihrem Kind erklären was passiert, wenn es zum Beispiel lügt: »Dann wird dir die Oma in Zukunft nicht mehr glauben, was du ihr erzählst. Und das willst du doch nicht, oder?« Für den Wunsch, unbedingt etwas besitzen zu wollen, müssen Eltern Verständnis haben. Allerdings sollten sie ihrem Kind klar machen, dass es andere, viel bessere Wege gibt, etwas zu bekommen: »Stell dir vor, dir würde jemand etwas wegnehmen. Das möchtest du doch auch nicht, oder? Wenn du Kaugummis haben möchtest, dann kaufe ich dir welche.« Wie Sie an diesem Beispiel sehen, bekommen Erklärungen für Kinder in diesem Alter eine immer größere Bedeutung. Auch wenn vielleicht noch nicht alles hängen bleibt, so können sich die Kinder einen Teil merken und daraus die richtigen Schlüsse ziehen.

Vorsätzlich zu lügen, um sich dadurch einen Vorteil zu ver-

Übermächtige Wünsche

Im Alter von fünf Jahren sind Kinder schon sehr gut in der Lage, sich an bestimmte Regeln innerhalb der Familie und im Kindergarten zu halten. Aber trotzdem – den Wert der Aufrichtigkeit und Ehrlichkeit, die Tugenden von Respekt und Höflichkeit kennen sie bis jetzt nur in Ansätzen. Verfahren Sie nicht zu streng mit Ihrem Kind, wenn es einmal die Realität missachtet, es ist jetzt immer noch auch ein Stück weit in seiner eigenen Fantasiewelt, die keine festen Gesetze kennt.

schaffen, etwas zu vertuschen oder anderen zu schaden, das können Kinder erst ab einem Alter von acht bis zehn Jahren. Dann sollten Sie streng mit ihm umgehen. Wenn Sie Ihr Kind jetzt, im Vorschulalter, beim Lügen ertappen, sollten Sie es jetzt nicht bestrafen oder schimpfen. Sprechen Sie liebevoll mit ihm, bauen Sie ihm eine Brücke, wenn es nicht über das Vorgefallene reden möchte, zum Beispiel: »Ich weiß, dass du es warst. Du kannst es ruhig zugeben. Mir ist es auch schon einmal passiert.«

Grundschulalter – Recht und Unrecht unterscheiden

✔ **Eine kleine Alltagsgeschichte:** Der sechsjährige Ben kommt wutentbrannt aus der Schule. Seine Hose ist am Knie etwas zerrissen. »Dem Olli hab ich's aber gegeben«, schimpft er. Als seine Mutter fragt, was passiert sei, erzählt Ben, dass Olli ihn geschubst habe und daraufhin habe er, Ben, zurückgeschubst. »Das wäre ja schließlich ungerecht, wenn der Olli mich schubst und ich nicht zurückschubsen darf!«

Wenn Kinder in die Schule kommen, beginnt ganz allmählich auch die Loslösung von den Eltern. Sie sind jetzt nicht mehr die unbestrittenen Vorbilder. Schul- und Sportkameraden sowie Freunde bekommen jetzt ein immer größeres Gewicht, und es treten auch die ersten Konflikte mit den Werten auf. Vieles, was zu Hause wichtig ist und bisher kommentarlos akzeptiert wurde, gilt auf dem Schulhof auf einmal nicht mehr. So kann die gute Familienregel unter Geschwistern, dass Konflikte nicht mit Prügeleien ausgetragen werden, in der Schule schnell wertlos werden, nämlich sobald das Schulkind zum ersten Mal eine handfeste Auseinandersetzung miterlebt und womöglich selbst hineingezogen wird.

Das Einfühlungsvermögen eines Erstklässlers ist schon recht gut entwickelt, und er verfügt auch schon über genügend Vorstellungskraft, um zu wissen, dass er manche Dinge lieber nicht erleben möchte. Eben weil sie zum Beispiel wehtun oder peinlich sind. Dessen ungeachtet haben Kinder weniger Probleme damit, anderen etwas zuzufügen, was sie selbst eigentlich lieber nicht erleben möchten. In diesem Alter können sie manchmal richtig rücksichtslos und grausam sein. Schon der kleinste Fehler eines anderen wird hämisch kommentiert, Handicaps von Mitschülern werden gnadenlos verspottet und die Betroffenen womöglich ausgegrenzt. Den Kindern ist dabei überhaupt nicht klar, dass sie die Gefühle anderer dadurch sehr verletzen. Sie reagieren vielmehr mit einer manchmal sprachlos machenden Logik: »Warum darf ich darüber nicht lachen? Der Markus hat nun mal so eine komische große Narbe am Mund, die sieht doch seltsam aus, oder etwa nicht?« Für ein Schulkind ist klar, dass es Sonderbares auch entsprechend beurteilen darf. Dagegen helfen nur Gespräche, in denen die Eltern versuchen, ihrem Kind die Perspektive des Leidtragenden nahe zu bringen. Reden Sie mit Ihrem Kind darüber, wie es sich fühlen würde, wenn es selbst in dieser oder einer ähnlichen Situation wäre. »Du wärst doch bestimmt auch sehr unglücklich, wenn du so etwas am Mund hättest und schrecklich traurig, wenn deine Mitschüler dich deswegen auch noch hänseln würden, oder?«

Schulkinder im Alter von sechs oder sieben Jahren sind nämlich von einem extremen Gerechtigkeitssinn beseelt – sowohl im positiven wie auch im negativen Sinne. Da gilt die Maxime »Gleiches wird mit Gleichem vergolten« und das reicht von der Rückgabe eines harmlosen Knuffes bis hin zur Teilung des Pausenbrotes mit dem Schulfreund, der am Tag zuvor ebenso klaglos geteilt hat.

Ausgeprägter Sinn für Gerechtigkeit

Aber auch Sie als Eltern werden plötzlich mit dem neuen Gerechtigkeitssinn Ihres Kindes konfrontiert. Warum soll die Sechsjährige immer noch um acht Uhr ins Bett gehen, wenn sie noch gar nicht müde ist? Warum dürfen Papa und Mama aufbleiben, obwohl sie schon müde sind, ich aber nicht?

Ein anderer häufiger Konfliktpunkt ist das Fernsehen. Vor allem Sendungen, die für Ihr Kind

Gleiches Recht für alle?

Auch wenn Ihr Kind meint, als Schulkind dürfe es schon viele Dinge tun, die auch Erwachsenen erlaubt sind, müssen Sie Grenzen setzen. In diesem Alter gilt noch lange nicht das Motto: »Gleiches Recht für alle«. Sagen Sie Ihrem Kind klar, was es darf und was nicht. Nur so lernt es die Tugenden der Disziplin und Verantwortung, die es in seinem späteren Leben einmal ganz dringend brauchen wird, um erfolgreich zu sein.

noch nicht geeignet und daher verboten sind, üben einen besonderen Reiz auf Ihren Nachwuchs aus. Sicher kennen auch Sie dieses beliebte Standardargument: »Den Film dürfen sich alle aus meiner Klasse ansehen, nur ich nicht!« Dass diese Behauptung so nicht stimmt, ist klar. Aber für Ihr Kind ist das in gewisser Weise schon wahr, weil es gerne möchte, dass es so ist. Denn dann kann es daraus schlussfolgern, dass hier Gerechtigkeit walten muss – und zwar Gerechtigkeit im Sinne von Gleichheit für alle.

Sie sollten Ihr Kind jetzt jedoch nicht allzu sehr beim Wort nehmen und nicht etwa auftrumpfen mit »das stimmt doch gar nicht, was du redest, ich weiß nämlich ganz genau, dass bei Schultzens und Lehmanns und Müllers die Kinder abends kein Fernsehen gucken dürfen!«. Besser ist es, hier eine klare Grenze zu setzen. Lassen Sie das, was Ihr Kind als Argument für den Krimi am Abend anführt, so stehen: »Das mag vielleicht sein, aber bei uns sind die Regeln anders, da schauen die Kinder abends keine Krimis mehr an.« Sie werden feststellen, dass Ihr Nachwuchs diesem Argument nichts entgegenzusetzen hat.

Wann sollten Eltern eingreifen?

»Mein Kind soll ohne Gewalt aufwachsen. Ich will nicht, dass es zu einem Rabauken wird, der andere schlägt.« Rein moralisch betrachtet ist diese Einstellung einwandfrei. Gewalt ist keine vernünftige Lösung für Konflikte, das ist klar, denn Gewalt produziert am Ende immer nur wieder neue Gewalt. Man spricht in diesem Zusammenhang auch gern von einer Gewaltspirale (siehe Seite 125), die sich bis ins Unendliche fortsetzen kann. Ein friedliches, gewaltfreies Leben ist deshalb unbedingt erstrebenswert. Aber geht es wirklich immer so ganz ohne Gewalt? Überall auf der Welt beobachten wir gewalttätiges Verhalten. Auch Ihr Kind wird früher oder später damit konfrontiert. Natürlich ist es nicht richtig, einfach drauflos zu prügeln, und es mag selbstverständlich auch nicht im Sinne Ihres Kindes sein, sich verprügeln zu lassen. Auf Dauer kann es sogar dazu kommen, dass das Kind an Selbstvertrauen und Selbstwertgefühl verliert, wenn es ständig mit Aggressionen konfrontiert wird und nicht gelernt hat, sich dagegen zu wehren.

Wenn Ihr Kind dabei einer Übermacht gegenübersteht, sich alleine nicht wehren kann, sollten Sie als Eltern eingreifen. Sie könnten sich zum Beispiel mit den Eltern des Rädelsführers in Verbindung setzen, in der Schule die Lehrer und den Elternrat aktivieren und um eine Lösung des Problems bitten. Ebenfalls eine große Wirkung kann es auch zeigen, wenn die Eltern das aggressive Kind direkt ansprechen. Bleiben Sie dabei aber bitte ganz sachlich und ruhig: »Es geht einfach nicht, dass du ständig unser Kind hänselst und quälst. Du willst doch schließlich auch nicht so behandelt werden. Deshalb fordere ich dich jetzt auf, das in Zukunft zu unterlassen.«

Möglicherweise wird dies bei sehr gewalttätigen Kindern nichts helfen. Dabei handelt es sich dann jedoch meist um Fälle, in denen die Kinder selbst Opfer von Gewalt wurden. Sie

Ärger mit dem Zubettgehen

Das Thema »Schlafenszeit« steht auf der Hitliste der Auseinandersetzungen zwischen Eltern und ihren Kindern ganz oben. Nicht selten kommt es dabei zu endlosen Wortgefechten. Erkennen Sie den Standpunkt Ihres Kindes an, aber sagen Sie auch klar und deutlich »Nein« – natürlich immer in einem freundlichen, bestimmten Ton. Sie werden erstaunt sein, wie schnell Ihr Kind das akzeptieren kann.

brauchen Hilfe von Fachleuten, hier müssen Sie den Weg zu Behörden einschlagen.

Selbsthilfe

Hat ein Kind jedoch nur mit einem einzelnen Kind Probleme, sollten die Eltern es ermuntern, sich zu wehren. Es müssen ja nicht immer gleich Schläge oder Tritte als Verteidigung sein, auch Worte können helfen – oder manchmal einfach nur Standhaftigkeit. Ermuntern Sie Ihr Kind, sein verbales Geschick einzusetzen. Ein überzeugtes »Was willst du eigentlich von mir?« oder »Ich will mich nicht mit dir prügeln!« können rauflustige Kinder aus dem Konzept bringen.

Im Alter zwischen sechs und acht Jahren sind Kinder durchaus in der Lage, ihren eigenen Standpunkt zu vertreten. Wie vehement sie das manchmal tun, ist für die Eltern am Anfang eine Überraschung. Denn die Kleinen finden jetzt langsam heraus, dass ihre bisher größten Vorbilder im Leben, nämlich die Eltern, doch nicht ganz so allmächtig und allwissend sind. Das rührt auch daher, dass die Kinder in der Schule mit anderen Meinungen, Vorstellungen und Werten konfrontiert werden als zu Hause.

Noch vor der Pubertät kann diese Entwicklungsphase Ihres Kindes für Sie sehr anstrengend werden. »Ich finde, jeder sollte mal machen dürfen, was er will«, sagt der achtjährige Tom und schlägt vor, dass seine Eltern am verlängerten Wochenende zu den Großeltern fahren sollten. Er bleibt dann lieber allein zu Hause. Wenn Ihr Kind auf einmal auf diese Weise sein Verlangen nach Unabhängigkeit dokumentiert, sollten Sie das gelassen hinnehmen und sich darüber freuen, dass es schon so eigenständig sein möchte und deutlich sagt, was es will. Gehen Sie mit diesem neuartigen Verhalten ernsthaft um, respektieren Sie die Wünsche und Ansprüche Ihres Kindes. Reagieren Sie auf keinen Fall so: »Das kannst du vergessen, du fährst gefälligst mit am Wochenende!« Sagen Sie besser: »Du hast völlig Recht, dass jeder seinen Freiraum braucht. Aber am Wochenende musst du mitkommen, denn die Oma freut sich schon so auf dich, und auch der Opa hat dich lange nicht mehr gesehen. Außerdem ist es noch zu früh, wenn du jetzt schon drei Tage allein zu Hause bleibst.«

Kinder lernen jetzt auch, dass es verschiedene Standpunkte gibt. Selbstverständlich wollen sie ihren eigenen Standpunkt vehement verteidigen. Akzeptieren und tolerieren Sie dies, ziehen Sie aber dennoch immer klare Grenzen, die auch eingehalten werden. Ein Achtjähriger hat nun mal abends um neun Uhr im Bett zu liegen. Wenn er aber noch nicht müde ist, darf er gerne ein wenig lesen oder eine Hörspiel-Kassette anhören.

In der Pubertät

Die Suche nach dem Selbst

✔ **Eine kleine Alltagsgeschichte:** Die 14-jährige Ines will sich unbedingt ein Bauchnabel-Piercing machen lassen. Sie hat ihre Mutter um Erlaubnis gebeten, doch diese ist strikt dagegen. »Ich halte das für gefährlich, man hört immer wieder, dass dabei etwas passieren kann.« »Was soll denn da passieren?«, fragt die Tochter gereizt. »Es kann zu Blutvergiftungen oder Unverträglichkeiten kommen.« »Aber das ist doch nur ein winziges Loch am Bauchnabel, das kann doch gar nicht so schlimm sein«, erwidert Ines. »Doch, das ist wirklich so«, entgegnet die Mutter. Ines wird für einen Moment nachdenklich. »Aber Carola und Andrea haben das auch schon – und da ist überhaupt nichts passiert.« »Jetzt versetz dich doch mal in meine Situation, Ines«, sagt ihre Mutter. »Was würdest du denn an meiner Stelle tun?« Ines überlegt einen Moment. »Ich möchte es aber doch so gern haben«, sagt sie und schaut ihre Mutter traurig an. Aber die Mama bleibt stur. »Ich möchte nicht, dass du dir das machen lässt.« »Ich muss das aber haben, sonst gehöre ich nicht dazu. Heutzutage hat das jeder!« Ines' Mutter gibt jedoch nicht nach. »Es bleibt beim Nein. Wenn du volljährig bist, dann kannst du machen was du willst. Doch bis dahin erlaube ich dir das Piercing nicht.« »Du bist so gemein und altmodisch, du willst nicht, dass ich glücklich werde«, ruft Ines verzweifelt und bricht in Tränen aus. Dann rennt sie in ihr Zimmer und schlägt mit einem lauten Knall die Tür hinter sich zu.

Pubertät: Stress für Kind und Eltern

Kinder im Teenageralter sind für die ganze Familie eine Herausforderung. Die bis vor kurzem noch so netten, freundlichen, manchmal schon fast vorbildlichen Töchter und Söhne verwandeln sich praktisch über Nacht in vorlaute, freche, faule, disziplinlose Menschen, die mit ihren Launen und ihrer Gereiztheit alle terrorisieren.

Was die Eltern sagen und denken, spielt von heute auf morgen keine Rolle mehr. Alles ist in den Augen Pubertierender »uncool«, »unmodern«, »spießig« oder »alt«. Jetzt zählt nur noch, was die Freunde sagen, denken, tun und planen. Mütter und Väter erkennen ihre Kinder nicht mehr wieder. Die jahrelange Erziehung und die Vermittlung von Werten wie Höflichkeit, Respekt, Ehrlichkeit, Hilfsbereitschaft – alles umsonst? Natürlich nicht. Auch wenn es schwer zu akzeptieren ist: Kratzbürstige Töchter und brummige Söhne, das ist in diesem Alter ganz normal. Die Kinder werden langsam erwachsen, sie entdecken ihr Dasein ganz neu und tasten sich in ihre eigene Welt vor, in der sie ihren Platz finden wollen. »Wer bin ich?« »Was will ich?« »Wie wird meine Zukunft aussehen?« Das sind zentrale Fragen, die nach einer Antwort suchen.

Nicht mehr die Familie ist jetzt das Zuhause, sondern die Clique, in der die Trends und Gedankenmodelle für eine garantiert bessere und schönere

Teenager kennen Werte

Einfühlungsvermögen, Ehrlichkeit, Offenheit, Teamgeist und Hilfsbereitschaft sind bei Teenies schon ziemlich ausgeprägt. Im Alter von 15 oder 16 Jahren können Kinder mit dem kategorischen Imperativ »Behandle andere so, wie du selbst behandelt werden möchtest!« schon etwas anfangen. Gerechtigkeit ist ihnen sehr wichtig.

Welt gesetzt werden. Klar, dass da elterliche Vorstellungen ziemlich unerwünscht sind, sie sind von vorgestern und damit völlig überholt. Außerdem ist man doch schon alt genug, um sein eigenes »Ding« durchzuziehen!

Kinder brauchen diese Erfahrungen, um sich von zu Hause abnabeln zu können, um als Erwachsene in ein paar Jahren für sich selbst ver antwortlich durch die Welt gehen zu können. Aber das ist auch eine Entwicklung, welche die Teenies zutiefst verunsichert. Sie stecken in einem starken inneren Konflikt. Hinaus aus dem warmen, schützenden Nest der Familie, weg vom »Hotel Mama«? Einerseits wollen sie das gar nicht. Andererseits zieht es sie aber doch mächtig hinaus in die Freiheit.

Auch wenn es schwer fällt: Sie als Eltern sollten diesen schwierigen Abnabelungsprozess unterstützen und lernen, loszulassen. Am besten geht dies durch vorsichtige Distanz. Drängen Sie sich nicht auf, geben Sie aber trotzdem Halt, wenn Ihre Tochter oder Ihr Sohn völlig verzweifelt ist und mit den ersten wirklich harten Enttäuschungen des Lebens wie Liebeskummer klarkommen muss. Stehen Sie auch mit Rat und Tat zur Seite, wenn es um die ersten Konfrontationen mit Sex, Alkohol, Drogen oder Kriminalität geht.

Allerdings sollten Sie dabei Grenzen setzen, so wie Ines' Mutter das getan hat. Für sie kommt ein Piercing bei der Tochter nun einmal nicht in Frage – und sie hat dafür auch gute Argumente. Sie bleibt hart und nimmt ihren Erziehungsauftrag ernst. Teenager suchen mit ihrem Verhalten nach Möglichkeiten, Werte selbst neu zu definieren. Sie probieren aus, wie es ist, für sich selbst zu entscheiden und dann auch die Konsequenzen tragen zu müssen. Sie als Eltern können Ihrem Kind dabei helfen, indem Sie es als eigenständige Person respektieren und so mit ihm umgehen, dass es trotz mancher Streitereien das Gefühl hat, geborgen zu sein.

✔ Regel-Abc für Eltern von Teenagern

- ✗ **Im Gespräch bleiben:** Auch wenn es schwer fällt und Ihr Kind es vielleicht ablehnt, sollten Sie immer wieder die Kommunikation mit ihm suchen. Erkundigen Sie sich nach seinem Alltag, geben Sie sich aber auch einmal damit zufrieden, wenn die Antwort nicht allzu ausführlich ist.
- ✗ **Verhalten akzeptieren:** Sie müssen sich damit abfinden, dass Ihr Kind jetzt manchmal unfreundlich oder frech ist. Dies ist häufig ein Zeichen von Unsicherheit. Gehen Sie dann einfach darüber hinweg und thematisieren Sie dieses Verhalten nicht.
- ✗ **Nach Lösungen suchen:** Wenn es Probleme gibt, setzen Sie sich mit Ihrem Kind an einen Tisch und reden Sie offen mit ihm. Vermeiden Sie dabei aber Sätze, die mit »wenn du ...«, »ich kann dir nur raten ...« oder »auf gar keinen Fall ...« beginnen. So etwas ruft nur Trotz hervor, Ihr Kind wird Ihnen nicht weiter zuhören. Interessieren Sie Ihr Kind im Gespräch mehr dadurch, dass Sie es auffordern, sich zum Beispiel in Ihre Situation zu versetzen: »Was würdest du denn an meiner Stelle tun?«
- ✗ **Den Geschmack tolerieren:** Viele alltägliche Konflikte zwischen Eltern und ihren pubertierenden Kindern sind eigentlich lächerlich. Hierzu gehört auch der extravagante modische Geschmack, den das Kind jetzt vielleicht an den Tag legt. Wenn es im Trend liegt, den Hosenboden in den Kniekehlen hängen zu lassen, dann gönnen Sie ihm diese Freude. Und warum sollten Sie nicht einmal mit Ihrem Sohn oder Ihrer Tochter über den neuesten HipHop-Star oder besonders coole T-Shirts reden? Damit signalisieren Sie, dass Ihnen ihr Nachwuchs wichtig ist.
- ✗ **Interesse zeigen:** Nehmen Sie teil am Leben Ihres Kindes. Das heißt nicht, dass Sie alles klaglos akzeptieren müssen, nur um den nächsten Streit zu vermeiden. Tun Sie Ihre Meinung über die Dinge offen kund, das können auch Teenager verkraften. Sie dürfen es also ruhig sagen, wenn Ihnen vielleicht der eine oder andere Freund nicht gefällt. Es muss ja nicht gleich zum Hausverbot führen.
- ✗ **Fähigkeiten unterstützen:** Ihr Kind hat freie Auswahl, wenn es um Hobbys und sonstige Interessen geht. Berücksichtigen Sie dabei, dass es das Hobby Ihres Kindes ist und es damit auch glücklich sein soll.

Werte fördern: die neun Paare der Tugend

Bei den Tieren ist es ganz einfach: Kommt ein kleiner Hund, eine Katze, eine Giraffe oder ein Löwe auf die Welt, tun sie das, was Hunde, Katzen, Giraffen oder Löwen tun, sie handeln instinktiv. Bei uns Menschen aber ist das alles nicht so leicht. Allein mit unseren Instinkten kommen wir in unserer Gesellschaft nicht weit. Diese wurden entwickelt, um die Wahrscheinlichkeit des Überlebens in der wilden, rauen Natur zu erhöhen. Für den Versuch aber, Tugenden an den Tag zu legen, um anerkannt und wertvoll für unsere Mitmenschen zu sein, taugen unsere Instinkte nicht. Also heißt es Lernen, schon von Geburt an.

Doch welche Tugenden und Werte sollen Kinder lernen? Welche Fähigkeiten sind für ihr Leben wirklich wichtig? Der Autor Klaus Waller hat ein Lexikon mit 100 Werten und Tugenden, von Achtung bis Zivilcourage, zusammengestellt. So viele müssen es sicher nicht sein, denn zahlreiche Tugenden und Werte unterliegen auch »modischen Schwankungen«. Noch bis weit bis ins letzte Jahrhundert etwa galten Pflichterfüllung, Vaterlandsliebe oder Gehorsam als herausragende Tugenden. Heute jedoch spricht kaum noch jemand von ihnen.

Tugenden sind zeitabhängig

Letzten Endes müssen Sie als Eltern selbst entscheiden, welche Werte Sie Ihrem Kind vermitteln möchten. Bei dieser Entscheidung spielen viele Faktoren eine Rolle: Welche Tugenden sind Pflicht in unserer heutigen Zeit? Was liegt mir als Mutter oder Vater besonders am Herzen? Bin ich überhaupt in der Lage, meinem Kind Werte nahe zu bringen? Sie sollten sich mit diesen Fragen aber nicht unnötig unter Druck setzen. Ihr Kind bringt jede Menge Neugier mit auf die Welt, den Antrieb, alles entdecken und erforschen zu wollen. Dazu gehört auch das Kennenlernen von Tugenden und Werten. Kinder begreifen schnell, dass diese so etwas wie Spielregeln sind, die das Leben erleichtern.

Nehmen Sie Ihr Kind an die Hand und seien Sie ihm ein gutes Vorbild. Leiten Sie es beim Erlernen von Tugenden und Werten behutsam, geduldig und liebevoll an, erklären Sie deren Sinn und trösten Sie es, wenn es gar nicht klappen will. Bieten Sie ihm vor allem Alternativen an und schöpfen Sie dabei aus Ihren eigenen Lebenserfahrungen. Natürlich brauchen Sie auch viel Geduld, Ihr Kind will immer wieder ermuntert werden. Und vergessen Sie bei aller Mühe eines nicht: Akzeptieren Sie, dass Ihr Kind am Ende seinen eigenen Weg finden muss, um Tugenden und Werte zu leben.

Welche davon unserer Ansicht nach die wichtigsten sind, haben wir auf den folgenden Seiten in einem Überblick für Sie in neun Paaren zusammengestellt. Es sind Werte, auf die man nicht verzichten sollte und kann, weil sie das Grundgerüst für das menschliche Zusammenleben darstellen.

1 Disziplin und Verantwortung

✓ **Zwei kleine Alltagsgeschichten:** Dominik (10) hat gestern eine Zahnspange bekommen. Er soll sie regelmäßig am Nachmittag und in der Nacht tragen. Das Sprechen mit dem Gerät im Mund fällt dem Jungen zu Beginn nicht gerade leicht. Aber nach ein paar Tagen hat er sich gut daran gewöhnt. Eines Nachmittags sagt Marcel, sein bester Freund, während des Legospielens zu Dominik: »Warum hast du eigentlich immer das doofe Ding im Mund? Ich habe auch so eins, aber ich ziehe es nur in der Nacht an. Tagsüber ist es doch richtig uncool, außerdem ist es lästig, wenn man was essen will.« Dominik denkt sich, dass sein Kumpel eigentlich Recht hat und nimmt auch schon die Spange aus dem Mund. Am nächsten Tag, nach dem Mittagessen, erinnert er sich an die Worte von Marcel und verzichtet wieder auf seine Zahnspange. So geht das nun eine ganze Weile, der Junge hat einfach keine Lust, das Gerät zu tragen. Mal muss er gerade etwas essen, mal kommt einer seiner Freunde und es ist ihm peinlich, Dominik hat immer eine Ausrede parat. Und seine Mutter, die ihn alleine großzieht, ganztags berufstätig ist und erst am Abend müde nach Hause kommt, denkt auch nur sehr selten daran, den Buben an die Zahnspange zu erinnern.

Erst der nächste Besuch beim Kieferorthopäden bringt Dominik ein wenig zu Vernunft und Einsicht. Natürlich sieht der Arzt an der fast unveränderten Zahnstellung des Jungen sofort, dass dieser die Spange kaum getragen hat. »Wenn du sie nicht oft und lange genug trägst, wirst du für immer schiefe Zähne behalten. Oder zumindest wird die Behandlung bis zu zwei Jahre länger dauern als geplant. Überleg es dir, Dominik, du hast es selbst in der Hand, ob du einmal mit einem schönen Gebiss herumlaufen wirst und gut damit essen kannst oder ob dein vorderer Zahn schief bleibt.«

Diese Worte haben bei Dominik großen Eindruck gemacht, denn mit dem schiefen Zahn ist er noch nie einverstanden gewesen. Eigentlich will er so schöne, gerade Zähne haben wie seine Freunde und seine Schwester Annemarie, die ebenfalls eine Spange tragen musste – aber nur drei Jahre, weil sie diese sehr oft einsetzte. Von da an trägt Dominik das Gerät zur Regulierung seiner Zähne regelmäßig. Und nach knapp drei Jahren ist er richtig stolz, dass sein Frontzahn endlich gerade ist.

✔ Anita (8) besucht die dritte Klasse der Grundschule. Zu Hause benimmt sich das Mädchen unauffällig. Es spielt nachmittags oft mit seinen Freundinnen und macht den Eltern keinen Kummer. Wen wundert's – schließlich lesen diese ihrer Tochter auch jeden Wunsch von den Augen ab. Anita ist ein Einzelkind und außerdem – nachdem die Mutter zwei Fehlgeburten erlebt hatte – das lang ersehnte Wunschkind. Aber in letzter Zeit beschwert sich Anitas Lehrerin immer öfter über ihr Verhalten in der Schule. Nun hat die Pädagogin die Eltern sogar zu einem Gespräch in ihre Sprechstunde eingeladen. Was Vater und Mutter hier über ihr Kind erfahren, erstaunt sie sehr: »Anita ist im Unterricht unaufmerksam, sie spielt sogar manchmal den Klassenclown«, erzählt die Lehrerin, »außerdem macht sie sich über alles lustig, was ich sage, sie nimmt die Schule einfach nicht ernst!« Die Lehrerin erklärt den verblüfften und ratlosen Eltern, dass Anita einfach noch nicht die Reife aufweise, die ihre gleichaltrigen Klassenkameraden an den Tag legen. Sie folge ihren Anweisungen nicht und mache des Öfteren auch keine Hausaufgaben, weil sie diese nicht notiere. Sie erledige nicht einmal die Strafarbeiten – und wenn doch, dann nur sehr schlampig.

Als die Eltern zu Hause ihrer Tochter von dem unerfreulichen Gespräch mit der Lehrerin berichten, blickt diese sie ganz treuherzig an. Und irgendwie fühlt sie sich auch keiner Schuld bewusst, ja fast könnte man meinen, sie verstehe gar nicht, worum es eigentlich geht ...

So zeigt sich das Problem:
Eltern wollen ihre Kinder eigentlich zu Selbstständigkeit und eigenverantwortlichem, diszipliniertem Handeln erziehen. Die Kinder sollen schon früh lernen, ein wenig Verantwortung für sich und andere zu übernehmen. Doch das ist meist leichter gesagt als getan. Die achtjährige Anita aus obiger Fallgeschichte kann gar nicht wissen, was das bedeutet. Sie wird von ihren Eltern verwöhnt und muss sich für nichts anstrengen. Natürlich erkennt sie auch nicht, dass sie für ihre Leistungen in der Schule selbst verantwortlich ist. Es erfordert jedoch von den Eltern viel Konsequenz (siehe Seite 122ff. Kapitel »Bestrafen – muss das sein?«), ihre Kinder zu selbstständigen Persönlichkeiten zu formen. Mütter und Väter müssen ihre Kinder regelmäßig dazu anleiten, aus eigener Initiative etwas für sich und ihre Familie zu tun.

Das Wort »Disziplin« klingt außerdem altmodisch; ihm haftet der Ruf an, dass man die Freiheit und freie Entfaltungsmöglichkeit der Kinder und Jugendlichen beschneiden wolle. Während die Tugend der Disziplin für unsere Großmütter und Großväter noch eine bedeutende Rolle spielte und neben Gehorsam und Anpassung als wichtigste Erziehungsregel galt, pflegen Eltern heute einen anderen Stil: Die Erziehung ist nicht mehr so streng, Härte und Gehorsam stehen nicht mehr so stark im Vordergrund wie damals. Die Eltern geben ihrem Nachwuchs dafür mehr Wärme. Sie zeigen große Offenheit und Toleranz, Gefühle dürfen zugelassen werden.

Inkonsequente Eltern

So positiv das alles klingt, so bedeutsam diese gefühlsbezogene Erziehung für ein Kind auch ist, dürfen aber dennoch die Disziplin und das Übernehmen von Verantwortung nicht außer Acht gelassen werden. Der »goldene Mittelweg«, ein ausgewogenes Maß an Disziplin und Gelassenheit, wäre ideal. Kinder bekommen dieses gesunde Mittelmaß manchmal jedoch nicht in der nötigen Form vermittelt. Eltern können ihren Kindern oft selbst in Sachen Disziplin und Verantwortung kein rechtes Vorbild sein. Viele schaffen es beispielsweise nicht, mit dem Rauchen aufzuhören oder sie fühlen sich nicht verantwortlich dafür, wenn ihr Erstklässer seine Hausaufgaben nicht gemacht hat und sie keine Zeit hatten, diese zu kontrollieren.

Schuld an dieser Entwicklung sind die Veränderungen in unserer Gesellschaft, in der die Befriedigung der individuellen Bedürfnisse, Freizeitaktivitäten und Vergnügungen vielen Menschen zunehmend wichtiger sind als Leistung und beruflicher Erfolg. Dazu kommt noch, dass Kinder heute häufig sich selbst überlassen werden. Die Eltern haben zu wenig Zeit, sich konsequent zu kümmern, vor allem wenn beide, Vater und Mutter, berufstätig sind oder auch wenn die Eltern sich getrennt haben und einer alleine das Kind erzieht. Zeit ist leider Mangelware, Zuwendung manchmal ebenso.

Zuweilen werden Vereinbarungen zwar getroffen, dann aber nicht eingehalten. Eltern, die ihre eigenen Pläne und Regeln immer wieder über Bord werfen, sind auch keine guten Vorbilder, beispielsweise wenn sie ihrem Kind versprechen, das kaputte Auto zu reparieren oder etwas Neues zum Anziehen zu kaufen, dies aber immer wieder aufschieben.

Kinder brauchen jedoch Verlässlichkeit, sie müssen sehen, dass die Erwachsenen Verantwortung für das übernehmen, was sie sagen und tun, dass

✔ Disziplin und Verantwortung: So profitiert Ihr Kind

Wenn Ihr Kind gelernt hat, bestimmte Gegebenheiten zu akzeptieren, sich an gewisse Regeln zu halten, Pflichten zu übernehmen, sich für die eigenen Ziele einzusetzen, aber auch die Ziele und Vorstellungen anderer zu respektieren, dann hat es Verantwortungsbewusstsein, dann hat es den Schlüssel zu einem erfolgreichen Leben. Es weiß nämlich, dass es im Wesentlichen für seinen Erfolg alleine zuständig ist, und es macht nicht den Fehler, dass es andere für sein Glück, aber auch gelegentlich für sein Unglück verantwortlich macht.

Natürlich braucht jeder manchmal auch ein bisschen Glück, beispielsweise wenn er einen Job sucht. Aber Menschen mit Verantwortungsbewusstsein sind nicht so stark auf glückliche Fügungen angewiesen, weil sie die Fähigkeit erworben haben, Eigeninitiative zu zeigen, weil sie sich für die eigenen Ideen, Pläne, Wünsche und Visionen mit aller Kraft engagieren und wissen, dass sie selbst »des eigenen Glückes Schmied« sind.

Ein Kind, das schon früh gelernt hat, Selbstdisziplin zu üben, kann seine (Trieb-)Impulse beherrschen. Wer seine Impulse und Emotionen im beruflichen und privaten Lebensumfeld nicht im Griff hat, wer sich dauernd von Gefühlen und Bedürfnissen gefangen nehmen lässt und häufig Ausbrüche »zelebriert«, der ist nicht sonderlich produktiv. Impulsivität steht der Leistung im Weg. Menschen mit guter Impulskontrolle dagegen können sachlich und gelassen bleiben, sie vermögen ihre geistigen Fähigkeiten auf die Arbeit zu konzentrieren und ihren Weg ganz gezielt zu gehen.

sie sich daran halten. Und Kinder brauchen ein geregeltes Zusammenleben in der Familie sowie bestimmte Rituale. Das vermittelt ihnen Sicherheit und Geborgenheit, das bildet die Grundlage, auf der sie lernen können, für sich und andere Verantwortung zu übernehmen und diszipliniert zu handeln.

Wenn Kinder jedoch in keine klare Familienordnung eingebettet sind, wenn ihre Eltern keine positive Autorität darstellen und zu träge sind, Regeln festzusetzen, dann vermögen die Kinder auch nicht, dieses Verantwortungsgefühl aufzubringen, das für die kleinen und großen Geschehnisse des Alltags einfach nötig ist. Sie lernen nicht, morgens pünktlich zum Frühstück zu erscheinen, wenn sie zur Schule gehen müssen, sie erledigen ihre Hausaufgaben nicht gewissenhaft, sie kommen nicht zur vereinbarten Zeit nach Hause und tragen ihre Zahnspange nicht.

Das sollten Sie ändern: Für Kinder ist eine gewisse Ordnung innerhalb der Familie, aber auch in Kindergarten und Schule wichtig. Und sie müssen schon möglichst früh in ihrem Leben die Fähigkeit trainieren, sich um ihre eigenen Angelegenheiten zu kümmern. Ob ein Kind gelernt hat, sich konsequent abends vor dem Zubettgehen die Zähne zu putzen und seine Zahnspange einzusetzen, seine Kleider ordentlich zusammenzulegen oder seine Bücher mit Sorgfalt zu behandeln, hat dem ersten Anschein nach nicht viel mit Schule, Ausbildung und Beruf zu tun. Doch prägt dies sein ganzes weiteres Leben. Das erlernte Pflichtbewusstsein, die Fähigkeit, Verantwortung für das eigene Handeln übernehmen zu können, wirkt dennoch auch in den Bereich der Schule und andere Gebiete hinein.

Seien Sie als Eltern also auf jeden Fall, was Struktur und Ordnung angeht, immer ein gutes Vorbild für Ihr Kind. Machen Sie bestimmte Dinge gemeinsam und leben Sie ihm positive Verhaltensweisen vor. Achten Sie auf Regelmäßigkeit und Gleichmäßigkeit in den Abläufen.

Für Kinder ist es wichtig, dass sie lernen, die Bereitschaft mitzubringen, sich für eine Sache anzustrengen. Sie sollen Ausdauer und Zielstrebigkeit entwickeln. Sie müssen erkennen, dass manche Dinge zugunsten wichtigerer auch einmal auf einen späteren Zeitpunkt aufgeschoben werden sollten. Ein Kind muss außerdem »an einer Sache dran bleiben« und bereit sein, sich einem gewissen Rahmen anzupassen sowie in einer (Klassen-)Gemeinschaft zu funktionieren.

Nutzen Sie verschiedene Gelegenheiten des Alltags, um Ihrem Kind (Selbst-)Disziplin zu vermitteln. Tun Sie dies aber möglichst ohne Druck, eher auf spielerische Weise, so dass Ihr Nachwuchs wirklich Spaß daran

✔ So wird Ihr Kind diszipliniert und verantwortungsvoll

- **Sportliche Anreize:** Melden Sie Ihr Kind in einem Sportverein an. Egal ob Ballett oder Taekwondo – regelmäßiger Sport ist nicht nur für die körperliche Entwicklung gut, er stärkt nicht nur Knochen und Muskeln, sondern er schult auch den Geist. Das konstante Training verlangt Ihrem Kind ganz automatisch Disziplin ab. Und beim Mannschaftssport lernt es, Verantwortung für den gemeinsamen Erfolg zu tragen.
- **Das Kind anleiten:** Es ist ganz normal und verständlich, dass ein Kind nicht freiwillig sein Zimmer aufräumt, wenn ihm diese Arbeit keinen Spaß macht. Sie sollten es behutsam anleiten, auch diese weniger geschätzten kleinen Aufgaben und Pflichten des Alltags zu übernehmen. Räumen Sie vielleicht die ersten paar Mal mit ihm zusammen auf, bis es gelernt hat, ein gewisses Ordnungssystem einzuhalten. Eine solche Anleitung können Sie in vielen Bereichen geben: bei der Körperpflege, beim Erledigen der Hausaufgaben, bei der Versorgung von Haustieren und weiteren Pflichten.
- **Nehmen Sie Ihrem Kind nicht alles ab:** Leider begehen viele Eltern den Fehler, ihrem Kind nicht zu viel zuzumuten, weil sie meinen, es sei für die eine oder andere Pflicht noch zu klein. Kinder können aber mehr als wir ihnen meist zutrauen, und je früher sie kleine Aufgaben bewältigen müssen, je eher sie ihre – zunächst winzigen – Verantwortungsbereiche im Alltagsleben bekommen, desto leichter wird es ihnen fallen, Verantwortung zu übernehmen und nicht alles als Last zu empfinden.
- **Verantwortung für andere übernehmen:** Hier geht es vor allem darum, den Blick für Bereiche außerhalb der eigenen Person zu öffnen. Lassen Sie Ihr Kind teilhaben an den bedeutenden Geschehnissen in dieser Welt. Erklären Sie ihm, wie wichtig Umweltschutz ist und dass dieser schon an der eigenen Mülltonne beginnt. Stärken Sie auch sein Bewusstsein für die Sorgen und Nöte der Menschen im Familien- und Freundeskreis. Auch wenn kleine Hilfsdienste benötigt werden, sollten Sie – und Ihr Kind – zur Stelle sein. Leiten Sie Ihr Kind an, sich in solchen Situationen zu engagieren, falls es alt genug dafür ist. Dies ist ein wichtiger Schritt zum Erlernen »sozialer Kompetenz«.

hat und er sich nicht genötigt fühlt, etwas tun zu »müssen«, nur weil Sie es wollen oder weil er sich Ihnen zum Gehorsam verpflichtet fühlt. Beim Lernen von Disziplin sollte immer Selbstmotivation vorhanden sein. Nur dann ist es wirklich von Erfolg gekrönt. Es gibt viele Möglichkeiten, Ihr Kind zu kleinen oder auch größeren Anstrengungen anzuregen, es zum Durchhalten zu motivieren. Anerkennung ist ein gutes Mittel.

2 Mitgefühl und Hilfsbereitschaft

✔ **Zwei kleine Alltagsgeschichten:** Jasmin, die vor vier Monaten ihren dritten Geburtstag feierte, ist heute zum ersten Mal im Kindergarten. Dort ist alles noch sehr neu und aufregend für sie. Ein Mädchen ist besonders nett zu ihr. Es heißt Alexandra und ist zwei Jahre älter als Jasmin. Alexandra kümmert sich wie eine Mutter um den Kindergartenneuling. Nach einer Weile dürfen die Kinder endlich zum Spielen nach draußen gehen. Unter lautem Kichern, Schreien und Plappern nehmen die Kleinen ihre Mäntel und Jacken von den Garderobenhaken und ziehen ihre Schuhe an. Aber Jasmin kann ihre Schuhe noch nicht zubinden. Alexandra ist schnell zur Stelle und hilft ihr dabei mit den Worten: »Später, wenn wir ein wenig mehr Zeit haben, zeige ich dir ganz genau, wie man eine Schleife bindet. Das kannst du dann auch lernen.« Jasmin ist sehr froh, dass sie schnell eine so hilfsbereite Freundin gefunden hat und erzählt ihrer Mutter, als diese sie mittags abholt, ganz glücklich von dem »wunderschönen Tag« im Kindergarten. »Da will ich morgen wieder hin, Mama«, strahlt sie.

✔ Der neunjährige Sebastian wächst mit acht Geschwistern in einer fröhlichen Großfamilie auf. Allerdings liegt seit gut vier Monaten ein dunkler Schatten über dem Familienglück: Der Vater ist arbeitslos, das Geld reicht einfach nicht mehr zum Leben. Als Sebastians Klasse ins Schullandheim fahren will, muss der Junge wahrscheinlich als einziges Kind zu Hause bleiben. Die Eltern können das Geld dafür nicht aufbringen, zudem hat Sebastian weder einen Rucksack, noch die entsprechenden wetterfesten Kleidungsstücke für die Klassenfahrt.

Da organisiert die ganze Klasse, unter der Anleitung der Lehrerin, eine vorbildliche Aktion: Die Eltern aller Mitschüler werden zu einer Spende aufgerufen. Da alle mitmachen, gelingt es schließlich doch noch, Sebastian die notwendige Ausrüstung zu kaufen und ihm sogar noch ein wenig Taschengeld mitzugeben. Der Siebenjährige, der vor kurzem noch so traurig war, weil er dachte, er könne nicht mit ins Schullandheim fahren, ist nun überglücklich: »Ich freue mich riesig auf die Fahrt, da kann ich endlich einmal Tag und Nacht mit meinen Freunden zusammen sein. Wir haben uns schon viele lustige Spiele ausgedacht.« Und die Kameraden sind froh, ihrem Kumpel helfen zu können und ihn beim Ausflug dabei zu haben. Die Klassenfahrt wird dann auch ein voller Erfolg.

So zeigt sich das Problem: Fachleute, die sich mit der sozialen Entwicklung unserer Gesellschaft beschäftigen – etwa Soziologen, Psychologen, Philosophen und Theologen –, beklagen, dass unsere Welt von zunehmender emotionaler Kälte geprägt ist und die Menschen immer egoistischer werden. Viele richten ihren Blick nur noch auf die eigenen Bedürfnisse, und das christliche Grundprinzip der Nächstenliebe, der Aufmerksamkeit für die Nöte anderer, verliert immer mehr an Bedeutung. Kein Wunder, dass auch die Kinder sich nur um ihre eigenen Interessen kümmern, anstatt sich um andere zu sorgen.

Dass ein Kind sich selbst in den Vordergrund rücken möchte, ist ganz normal. Es liegt in der Natur des Menschen, seine Grenzen ausweiten und seine eigene Position im Leben stärken zu wollen. Dies erlebt man beispielsweise auch in der Auseinandersetzung unter Geschwistern. Da gibt es Eifersucht, Rangeleien und kleine Machtkämpfe. Jedes Kind will das Beste und das Klügste sein. All das gehört ein Stück weit zu unserem Evolutionsprinzip. Wir müssen schon früh lernen, uns durchzusetzen und unsere eigenen Ziele zu verfolgen.

Dieser Prozess sollte jedoch keinesfalls auf Kosten anderer stattfinden. Daher ist es wichtig, dass Sie Ihrem Kind bereits in ganz jungen Jahren zwei der bedeutsamsten Fähigkeiten der sozialen Kompetenz vermitteln: die Empathie und die Hilfsbereitschaft. Empathie – was ist das? Das ist »die Bereitschaft und die Fähigkeit, sich in die Einstellungen anderer Menschen einzufühlen«. Leider jedoch ist die Gefahr groß, dass den Kindern diese Fähigkeit in unserem immer gefühlsärmeren Umfeld nicht ausreichend vermittelt werden kann. Die Kinder sind heute stark materialistisch ausgerichtet und sehr auf sich selbst konzentriert.

Veränderte Gesellschaft

Meist ist es nicht einmal die Schuld der Eltern, sondern die Gründe sind vielmehr in der Veränderung der Gesellschaft zu suchen, im Einfluss der Medien und der Werbung. Kinder sehen beispielsweise notgedrungen mehr oder weniger tagtäglich, dass in großen Teilen der Welt Krieg, Armut und Hunger herrschen. Sie bekommen diese Bilder in den Nachrichten gezeigt.

So wie es uns Erwachsenen dabei geht, so fühlen sich auch die Kinder. Irgendwie sind die Schreckensszenarien schon zur Gewohnheit geworden, sie berühren uns alle nicht mehr so richtig. Wir halten diese grausame Wirklichkeit von uns fern, wir tun so, als ob der Fernseher uns nur eine Scheinrealität zeigen würde, etwas, was mit uns gar nichts zu tun hat.

Das kann man uns und unseren Kindern auch gar nicht verübeln, genauso wenig wie die Tatsache, dass der Nachwuchs materialistisch eingestellt ist. Denn schließlich wird er über die stets präsente Werbung schon in ganz jungen Jahren auf Konsum eingestimmt. Sie als Eltern können dem nur schwer etwas entgegensetzen, auch wenn Sie Ihrem Kind noch so oft sagen: »Denk nicht immer nur an dich, sondern auch an andere, es gibt so viele Menschen auf der Welt, denen es schlecht geht.« In unserer Konsum- und Spaßgesell-

✔ Mitgefühl und Hilfsbereitschaft: So profitiert Ihr Kind

Menschen, die sich in der Kunst der Empathie und Hilfsbereitschaft geübt haben, sind anderen weit voraus, und zwar in allen Kategorien des Lebens. Egal, ob es um familiäre und freundschaftliche Beziehungen geht oder um das Miteinander im Beruf – wer empathisch ist, respektiert die Gefühle der anderen und achtet darauf, sie nicht zu verletzen. Er kann sich in die Lage seiner Mitmenschen hineinversetzen, er vermag ihre Situation nachzuempfinden, ihre kleinen und großen Sorgen zu verstehen und Anteil zu nehmen. Er besitzt aber auch ein feines Gespür für das Wesen der Menschen und kann versteckte Emotionen, die oft einen negativen Charakter haben – zum Beispiel Neid, Missgunst und Zwietracht –, frühzeitig erkennen und ihnen entgegensteuern. Hilfsbereite Menschen wissen, was es heißt zu geben, und sie dürfen dann auch ihrerseits einmal Hilfe von anderen annehmen, wenn es notwendig ist.

Die beiden Tugenden Hilfsbereitschaft und Empathie bilden so die Basis für Teamgeist und Kommunikation. In der Familie sorgen diese wertvollen Fähigkeiten für Harmonie, Ausgeglichenheit und einen liebevollen Umgang. Im Beruf qualifizieren sie, zusammen mit anderen Kompetenzen, zu herausragenden Positionen und besonderen Leistungen. Menschen mit großem Einfühlungsvermögen gelangen recht oft sogar in Führungsetagen. Sie können Teams leiten, die Arbeit richtig koordinieren und verschiedene Meinungen, Vorstellungen und Verhaltensweisen so gut unter einen Hut bringen, dass alle an einem Strang ziehen. Das garantiert am Ende den Erfolg.

schaft ist es ganz normal, dass die Kleinen mit Spielzeug überschüttet werden, dass jedes Kind ein Handy, einen Gameboy und einen Computer besitzt. Unsere Kids leben im Grunde wie im Schlaraffenland, ihre Wünsche werden im Allgemeinen zu rasch erfüllt.

Das sollten Sie ändern: So vorbildliche Reaktionen wie die in unseren beiden Alltagsgeschichten sind leider eher die Ausnahme. Aber dennoch: Es ist zu beobachten, dass Kinder begeistert mitmachen, wenn sie zu sozialem Engagement motiviert werden. Sie setzen sich mit

Freude für andere Menschen ein, für Tiere und die Natur, sie sind gerne hilfsbereit. Natürlich brauchen sie dazu eine Anleitung, es kann nicht aus ihnen selbst heraus kommen. Die positive Grundhaltung ist mit Sicherheit bei nahezu jedem Kind vorhanden. Kinder sind ja von Natur aus aufgeschlossen, tolerant, offenherzig und haben eine positive Einstellung. Es gilt nur, diese »guten« Anlagen zu kanalisieren und in eine bestimmte Richtung zu bringen, so dass sie auch praktisch umgesetzt werden können.

Der Blick für den Anderen

Dazu bedarf es eigentlich auch gar keiner großartigen Aktionen oder Anstrengungen. Bereits kleine Alltagssituationen reichen völlig aus, damit Sie Ihr Kind in puncto Mitgefühl und Hilfsbereitschaft schulen und diese Fähigkeiten immer weiter ausbauen. Schärfen Sie zunächst den Blick Ihres Kindes für Situationen voller Mitgefühl und Anteilnahme. Lenken Sie seine Aufmerksamkeit darauf, indem Sie beispielsweise erzählen, wie engagierte Krankenschwestern in der Pflege von Patienten aufgehen, etwa wenn Sie zusammen mit Ihrem Kind im Krankenhaus einen lieben Freund oder Verwandten besuchen. Sprechen Sie außerdem mit ihm immer wieder einmal über Situationen, in denen Menschen durch die Unterstützung anderer aus einer Not herauskommen konnten und neuen Lebensmut gefasst haben.

Seien Sie vor allem selbst Vorbild, beispielsweise indem Sie innerhalb Ihrer Familie, aber auch bei Freunden und Verwandten einen empathischen Umgang pflegen, indem Sie Respekt, Aufmerksamkeit und Fürsorge zeigen. Engagieren Sie sich vielleicht auch in einem Hilfsprojekt, entweder durch persönliche Arbeit oder zumindest durch Spenden, falls es Ihnen möglich ist. Lassen Sie Ihr Kind frühzeitig daran teilhaben. So erziehen Sie es zu einem einfühlsamen Menschen und geben ihm wertvolle Eigenschaften mit auf den Weg, die ihm erfüllte zwischenmenschliche Beziehungen und damit ein großes Stück an Lebensglück und Lebenserfolg sichern.

✔ So lernt Ihr Kind, einfühlsam und hilfsbereit zu sein

- **Aufmerksamkeit und Zuwendung:** Das ist eigentlich eine Grundlage für die Empathie, denn nur wer den Gefühlen anderer bewusst Interesse entgegenbringt, kann sich auch in sie hineinversetzen. Es gibt viele Möglichkeiten, das im Alltag zu üben, zum Beispiel indem Sie Ihr Kind anleiten, öfter mal jemandem eine kleine Freude zu bereiten oder einen Hilfsdienst zu erweisen, etwa der Oma, dem Opa, der Tante oder der Nachbarin. Es reicht schon eine Kleinigkeit, ein kleiner Besuch, etwas Selbstgebasteltes als winzige Geste der Zuneigung und Zuwendung. Auch der Umgangston innerhalb der Familie ist sehr wichtig: Reden Sie liebevoll – eben »empathisch« – miteinander. Sprechen Sie immer wieder einmal Lob, Anerkennung und Achtung aus. Honorieren Sie kleine Leistungen, indem Sie beispielsweise sagen: »Du hast mich aber jetzt prima unterstützt, weil du den Tisch so hübsch gedeckt hast« oder »toll, wie schön du deine Hausaufgaben heute gemacht hast«.
- **Viel vorlesen:** In Märchen und Geschichten geht es immer um Gefühle, um Liebe und Hass, um Gut und Böse. Ihr Kind lernt von seinen Märchenhelden sehr viel, nämlich tapfer zu sein, Mut zu zeigen, einem anderen zu helfen und ihn gegebenenfalls aus einer Not zu befreien. Das Vorlesen – und wenn Ihr Kind alt genug ist natürlich die eigene Lektüre – schult nicht nur das Sprachvermögen Ihres Kindes, sondern auch seine empathischen Fähigkeiten.
- **Gemeinsam musizieren:** Erwecken Sie bei Ihrem Kind frühzeitig das Interesse an Musik. Sie ist nicht nur für die Gehirnentwicklung Ihres Kindes gut (siehe Seite 13), sondern sie stimuliert auch die »Gefühlsseite« Ihres Kindes und verstärkt sein »empathisches Erleben«.
- **Kulturelle Erlebnisse anbieten:** Gehen Sie mit Ihrem Kind öfters in Ausstellungen, wenn es alt genug dazu ist, und lassen Sie es schöne kulturelle Erlebnisse aller Art genießen, zum Beispiel eine Gartenschau mit herrlich blühenden Landschaften und auch musikalische Events wie ein Musical, ein klassisches Konzert oder ein Jazzfestival. Auch das bereichert die Gefühlswelt Ihres Kindes, es stärkt seinen Sinn für positives Erleben und Ästhetik.

3 Selbstvertrauen und Mut

✔ **Zwei kleine Alltagsgeschichten:** Sophie (13) ist nicht gerade eine gute Schülerin, obwohl ihre Lehrer meinen, dass sie einen recht hohen IQ (Intelligenzquotienten) hätte. Ihr Problem ist, dass sie sich viel zu wenig zutraut und vor allem in der Schule sehr schüchtern ist. Besonders wenn sie in Geschichte oder Erdkunde ausgefragt wird und dazu vorne vor der ganzen Klasse stehen muss, ist sie sehr zurückhaltend und kann ihr Wissen nicht so präsentieren, wie es ihrem eigentlichen Niveau entspräche. Kommt Sophie dann mit einer schlechten Note nach Hause, sind ihre Eltern nicht nur enttäuscht, sondern manchmal auch wütend. Der Vater, Manager einer großen Firma, sagt resignierend: »Ach Kind, aus dir wird sowieso mal nichts Besonderes!« Und die Mutter meint, Sophie hätte wahrscheinlich doch besser die Hauptschule wählen sollen statt des Gymnasiums. Sophie ist sehr unglücklich über diese Situation. Und je missmutiger und ärgerlicher ihre Eltern sind, wenn sie schlechte Zensuren bekommt, desto mutloser wird die Dreizehnjährige.

✔ Die kleine Katharina, fünf Jahre alt, ist immer recht schüchtern und verzagt. Der ältere Bruder Kai (9) nimmt dem Mädchen regelrecht »das Heft aus der Hand«. »Du kannst das doch nicht, lass mich das machen«, heißt es oft aus dem Mund des großen Bruders, oder »Mensch, bist du blöd, nicht mal das kannst du!« Die Kleine traut sich wenig zu. Sie nimmt sich die Sätze des Bruders sehr zu Herzen und ist zu Hause wie auch im Kindergarten, vor allem dann, wenn sie etwas Neues anpacken muss, überzeugt: »Das kann ich nicht!«

Insgesamt ist Katharina ängstlich. Während andere Kinder in ihrem Alter schon schwimmen können, wagt sie sich ohne ihre Schwimmflügelchen nicht ins Becken, obwohl sie die Schwimmbewegungen beherrscht. Ihre Mutter möchte ihr gerne das Skifahren beibringen, aber auch hierbei gib es immer ein großes Gezeter. Der Papa, der seine kleine Tochter lieber als sportliche, mutige, angstfreie kleine Dame erleben würde, ärgert sich darüber und schimpft des Öfteren: »Katharina, du stellst dich aber auch wirklich dumm an! Jetzt mach doch mal. Du kannst ja gar nichts!«

So zeigt sich das Problem: Eltern können das Selbstvertrauen eines Kindes, das von Natur aus in ihm angelegt ist, ziemlich schwächen, wenn sie ihm bewusst oder unbewusst Botschaften senden, die es verunsichern. Sie nehmen ihm damit auch den Mut. Das Kind wagt dann nicht mehr, Dinge zu tun, die es eigentlich leicht bewältigen könnte. Vater und Mutter stellen ja zunächst die stärkste Autorität dar, sie sind für die Kinder die »oberste Instanz«. Da sie sich an allem orientieren, was die Eltern sagen und tun, sind die Kleinen auch besonders sensibel und empfänglich für deren Kritik. Die Eltern tragen hier eine große Verantwortung. Doch leider passiert es oft – wie im Fall von Katharinas Papa –, dass Eltern ihrem Kind gegenüber unbedacht reagieren, dass ihnen Worte herausrutschen, die es abwerten und klein machen. Meistens meinen es die Eltern nicht so, sie wollen ihr Kind nicht »heruntermachen«, es sind lediglich spontane Reaktionen, ein gewisser Unmut, dem sie unbedacht Luft machen. Schlimmer noch ergeht es der dreizehnjährigen Sophie aus unserer Fallgeschichte, deren Eltern deutlich zum Ausdruck bringen, dass sie ihrer Tochter einfach nichts zutrauen.

Gestörtes Selbstvertrauen

Die Kinder nehmen all diese Botschaften ganz genau auf, sie verinnerlichen sie. Und wenn sie gehäuft vorkommen – so wie im Fall von Sophie –, können sie der kleinen Kinderseele schaden und bewirken, dass sich das Kind unsicher fühlt, das Vertrauen in sich und seine Fähigkeiten verliert und immer zurückhaltender wird. Es resigniert und verinnerlicht die eigene Unfähigkeit sogar noch. Aber auch durch

Kinder im Kindergarten oder in der Schule, die immer »alles besser können«, die viel stärker erscheinen, viel klüger und begabter, sowie durch die negative Beeinflussung von Erziehern oder Lehrern, die mitunter auch wenig einfühlsam reagieren, kann das Vertrauen eines Kindes in seine eigenen Fähigkeiten erheblich geschwächt und dann zum chronischen Problem werden.

Wenn Ihr Kind von Ihnen wegen seiner angeblichen Unfähigkeit und Unzulänglichkeit getadelt und erniedrigt wird, wenn Sie ihm einfach nichts zutrauen, dann kann es möglicherweise ein Leben lang an mangelndem Selbstbewusstsein leiden. Sie sollten es vielmehr in seinem Tun unterstützen und es loben, auch wenn etwas nicht perfekt gelingt. Das spornt Ihr Kind an und motiviert es, weiter zu spielen, mehr zu erzählen oder Dinge fantasievoller zu gestalten.

Das sollten Sie ändern: Eine ganz wichtige Aufgabe der Eltern ist die Stärkung des Ichgefühls bei ihren Kindern, und zwar möglichst schon von Anfang an. Ein Kind, das von seiner Umwelt – und primär natürlich von den eigenen Eltern – ein positives Feedback und Anerkennung bekommt, entwickelt ganz automatisch ein gutes Selbstvertrauen. Wie sollte es auch anders sein? Ein Beispiel: Wenn ein kleines Kind, das aus seinen Holzklötzen einen Turm baut, der schief und wackelig ist und jede Sekunde umzustürzen droht, dennoch gesagt bekommt, wie toll es das gemacht hätte und wie schön dieser Turm sei, dann wird es stolz sein auf seine Leistung und hoch motiviert, beim nächsten Mal einen noch schöneren, noch größeren Turm zu präsentieren.

Das heißt also ganz klar: Lob, Ermutigung und Anerkennung spornen ein Kind enorm an. Es lernt mit großer Freude, es wagt sich an Neues heran, es wird mutig und experimentierfreudig, es fühlt sich geliebt und angenommen. Damit auch Sie Ihr Kind auf einen solch positiven Weg bringen, braucht es keine großen Anstrengungen. Sie müssen nur die alltäglichen kleinen Geschehnisse konsequent nutzen, um es zu stärken.

✔ Selbstvertrauen und Mut: So profitiert Ihr Kind

Der Satz »Erkenne dich selbst!«, der von einem der »Sieben Weisen« aus der Antike stammen soll und eine Inschrift am griechischen Apollontempel in Delphi ist, heißt nichts anderes, als dass man sich seines eigenen Selbst bewusst werden soll. Wir Menschen sollten einen tieferen Einblick in unsere Gefühlswelten gewinnen und ein Verständnis für die eigenen Gedanken, Stärken und Schwächen entwickeln. Wer diese Fähigkeit zur Selbsterkenntnis besitzt, ist fürs Leben gut gerüstet. Solche Menschen haben die besten Voraussetzungen, um der Welt mit viel Selbstbewusstsein und Selbstvertrauen zu begegnen und auch einmal Mut zu Neuem zu haben. Sie können sich einfach viel besser einschätzen, sie entwickeln ein gesundes Verhältnis zu den eigenen Gefühlen und Stimmungen, aber auch zu denen der anderen. Und sie wissen, was sie sich zutrauen können und was nicht.

Kinder, die reichlich Selbstvertrauen und Mut an den Tag legen, sind vor allem im späteren Leben in vielerlei Hinsicht im Vorteil:

- Sie wirken ausgeglichener, sie sind nicht überängstlich, verzagt oder überkritisch, sie sind auch nicht hochsensibel, euphorisch oder selbstbezogen. Sie können ihre Emotionen angemessen zum Ausdruck bringen und auch in schwierigen Situationen richtig handeln. Sie sind Krisen besser gewachsen und vermögen negative Erlebnisse leichter wegzustecken, sie konzentrieren sich auf erfreuliche Geschehnisse und blicken optimistisch und vertrauensvoll in die Zukunft.
- Wer reichlich Selbstvertrauen hat, ist sich selbst und anderen gegenüber ehrlich. Unangenehme Empfindungen oder Erlebnisse verdrängt er nicht, sondern er bringt den Mut, die Ehrlichkeit und die Offenheit auf, sich Schwierigkeiten zu stellen und die Wahrheit anzuschauen. Er kann auch zu seinen Schwächen und Fehlern stehen – ja sogar aus ihnen lernen und sie in Stärken umwandeln. Er kennt seine Grenzen und braucht diese nicht zu überschreiten.
- Sie sehen ihre Stärken genauso realistisch wie ihre Schwächen und können sie daher optimal nutzen. Sie wenden ihre Talente und Fähigkeiten zielorientiert an, um ihr Leben erfolgreich zu gestalten.

Und dazu gibt es unzählige Gelegenheiten: Ihr Kind kritzelt beispielsweise Strichmännchen auf ein Papier – vielleicht mit viel zu kleinen Köpfen, mit schiefen Mündern und Beinen, die wie kleine Rechen aus einem unförmigen Rumpf herausragen. Anstatt das Kind zu tadeln, dass die Figuren anatomisch ja gar nicht stimmten, sollten Sie das Werk bewundern und Ihr Kind anleiten, die Männchen auch noch bunt anzumalen. Geben Sie ihm Tipps, welche Stifte geeignet sind, und vertrauen Sie ihm, dass die Figuren mit der Zeit immer ausgewogener und realistischer werden.

Ein anderes Mal erzählt Ihr Kind Ihnen vielleicht eine fantasievolle Geschichte. Die Sätze sind jedoch weit entfernt von grammatikalischer Perfektion, vieles wiederholt sich, manche Gedanken lassen sich überhaupt nicht einordnen. Macht nichts! Erfreuen Sie sich an der Mitteilsamkeit Ihres Kindes, nehmen Sie sich Zeit und hören Sie ihm zu. Beflügeln Sie seinen Erfindungsgeist, indem Sie selbst Gedanken in die Geschichte einbringen, die Sie dann mit ihm zusammen ausgestalten. Sie werden sehen, wie viel Spaß Ihr Kind auch in Zukunft an Sprache und Kommunikation haben wird.

Das Ausprobieren fördern

So können Sie in vielen Situationen verfahren: Ob Ihr Kind erste musikalische Erfahrungen sammelt, indem es auf der Gitarre herumzupft oder Ihre Töpfe zu Rhythmusinstrumenten umfunktioniert, ob es das Skifahren lernt und noch ein wenig Angst hat, obwohl der Hang ziemlich flach ist, ob es seine ersten selbstständigen Exkursionen zum Spielplatz oder in den Garten der Nachbarn unternimmt – Sie sollten Ihr Kind immer unterstützen! Geben Sie ihm das Gefühl, dass es richtig und gut handelt, nehmen Sie ihm die Sorge, dass es Neues nicht bewältigen könnte, spornen Sie es an, weitere Erfahrungen zu sammeln und auch unbekanntes Terrain zu betreten. Das ist das beste Fundament für Selbstvertrauen und Mut, aber auch dafür, dass Ihr Kind Respekt vor sich und vor anderen entwickelt.

✔ So bekommt Ihr Kind Selbstvertrauen und Mut

- **Stärken Sie sein Ichgefühl:** Ihr Kind soll das Gefühl haben, wichtig zu sein und immer ernst genommen zu werden. Unbewusst spüren auch schon die ganz Kleinen, ob sie als Persönlichkeit anerkannt werden oder nicht. Zeigen Sie Ihrem Kind durch Worte und Gesten immer wieder, wie groß Ihre Zuneigung zu ihm ist, wie sehr Sie es wertschätzen. Schauen Sie gemeinsam Familienfotos an, auch die aus der Säuglingszeit. Kinder lieben das. Erzählen Sie ihm, wie Sie ihn auf dem Arm getragen haben und wie es die ersten Krabbel- und Gehversuche gemacht hat. Er stellt dann vielleicht erstaunt fest: Das bin ja wirklich ich! Und er merkt: Mami und Papi haben mich lieb!
- **Machen Sie Mut:** Das funktioniert am besten durch gezielte Motivation (siehe Seite 140 f.) und dadurch, dass Sie Ihr Kind viel loben. Lob tut jedem Menschen gut, auch uns Erwachsenen. Wenn Sie Ihrem Kind möglichst oft sagen, wie gut es dies oder jenes gemacht hat, wird es beflügelt, seine Leistungen immer weiter zu steigern. Sparen Sie auch bei den so genannten kleinen Dingen des Lebens nicht mit Lob, beispielsweise bei Arbeiten, die Ihr Kind im Haushalt verrichtet, bei Basteleien, die es macht. Auch aus diesen winzigen Erfolgserlebnissen bezieht Ihr Kind Ichstärke.
- **Trost und Zuspruch:** Niemandem bleiben Niederlagen erspart, sie gehören zum Leben dazu. Auch Ihr Kind wird schon früh damit konfrontiert, es muss so manche »Schlappe« einstecken und sich mit den eigenen Grenzen und Schwächen auseinandersetzen. Das ist ein schmerzhafter Prozess, der gerade bei »empfindlichen Seelen« stark am Selbstwertgefühl nagen kann. Ihr Kind wird beispielsweise im Kindergarten aus einer Gruppe ausgeschlossen, bei der es so gerne dabei wäre. Und das womöglich noch ohne ersichtlichen Grund. Oder es schneidet einmal bei einem sportlichen Wettbewerb extrem schlecht ab und landet auf einem der letzten Plätze. All das hinterlässt bei ihm den Eindruck, dass es nichts wert sei. Denn Kinder können – vor allem in der Kindergarten- und Grundschulzeit – noch nicht so differenziert denken, dass sie unterschiedliche Erfahrungen auch unterschiedlich bewerten. Sie beziehen aus einem Ereignis manchmal ihr Gesamt-Erleben.

4 Engagement und Motivation

✓ **Eine kleine Alltagsgeschichte:** Günther (11) weiß erst seit gut einem Jahr, dass er unter einer so genannten Dyskalkulie (Rechenstörung) leidet. Er hat in der Schule große Probleme damit, mathematische Zusammenhänge zu verstehen. Die Welt der Zahlen ist für ihn oft undurchschaubar. Die Dyskalkulie ist auch der Grund dafür, dass der Junge den Übertritt in eine höhere Schule nicht geschafft hat. Die Mutter, eine Lehrerin für Hauswirtschaft, versuchte vergeblich, mit ihrem Sohn den Stoff zu lernen. Einmal sagte sie zu ihm ganz offen: »Schatz, ich glaube, du bist ein hoffnungsloser Fall!« Das hat Günther sehr demotiviert und von da an wollte er mit seiner Mutter den Schulstoff nicht mehr pauken. Auch spürte er selbst, dass er ohnehin keine Fortschritte im Rechnen machte.

Eines Tages gab Petra, eine Freundin von Günthers Mutter, den Rat, die Schulpsychologin aufzusuchen. Als diese den Jungen testete, stellte sich heraus, dass er einen recht hohen Intelligenzquotienten (IQ) hat, jedoch unter einer Rechenschwäche leidet. Diese Erkenntnis war zunächst sowohl für die Eltern als auch für den Sohn ein richtiger Schock, aber auch sehr heilsam. Günther besucht nun regelmäßig eine spezielle Fördergruppe, in der er lernt, die Grundbegriffe der Mathematik zu verstehen und Schritt für Schritt auch an schwierigere Aufgaben herangehen zu können. Inzwischen geht Günther in die Realschule. Er wird von seinen Eltern in allen Belangen unterstützt. Mit viel Aufwand und dank der fortwährenden Ermutigung und Motivation durch die Eltern hat er den Übertritt in die höhere Schule geschafft und arbeitet nun fleißig daran, die dortigen Anforderungen zu erfüllen. Bis jetzt gelingt dem Jungen das sehr gut.

So zeigt sich das Problem: Natürlich ist der oben beschriebene Fall eher die Ausnahme. Aber wenn Eltern erkannt ha-

✔ Engagement und Motivation: So profitiert Ihr Kind

Fachleute behaupten, dass ein erfolgreicher Mensch nicht nur intellektuelle Fähigkeiten benötigt, sondern dass es auch zum großen Teil auf seine Motivation ankommt. Nur wer mit großem Interesse und Engagement, aus eigenem innerem Antrieb heraus, lernt, arbeitet und handelt, ist im Leben erfolgreich. Große Talente können nur dann ausgelebt werden, wenn der Betroffene sie auch wirklich ausbauen möchte. Menschen mit so genannter Erfolgsintelligenz haben meist frühzeitig, schon im Kindesalter, gelernt, sich selbst zu motivieren. Sie haben einen intuitiven inneren Antrieb und finden ihre Befriedigung durch gute Arbeit und große Leistungen. Sie sind in der Lage, sich selbst für ihre hohen Leistungen zu belohnen und daraus wiederum weitere Antriebs- und Schaffenskraft zu holen. Je mehr Sie als Eltern demnach Ihr Kind motivieren, desto besser wird es die wertvolle Fähigkeit der Selbstmotivation einmal beherrschen, desto mehr wird es sich für bestimmte Gebiete engagieren und desto erfolgreicher wird es später sein.

ben, wo die Schwächen ihres Kindes liegen und wenn es ihnen gelingt, es so zu motivieren und zu unterstützen, dass es Fortschritte macht, dann sind diese allein schon Grund genug, dass sich das Kind immer mehr engagiert und seine Ziele fest im Auge behält. Leider jedoch »funktionieren« Kinder oft ganz anders als wir Erwachsenen uns das eigentlich wünschen.

Natürlich hat Günthers Mutter, die auch noch Lehrerin ist, nie damit gerechnet, dass ihr Sohn eine Rechenstörung hat. Aber es gilt, im Leben das Beste aus dem zu machen, was man an intellektuellem Potenzial in die Wiege gelegt bekommen hat. Und wenn ein Kind einmal seine Schwächen erkannt hat und den Willen und die Motivation an den Tag legt, daran zu arbeiten, kommt es ein großes Stück weiter. Engagement ist alles – in jeder Situation.

Eltern sind grundsätzlich immer wieder gefordert, ihre Kinder dazu anzutreiben, Dinge zu tun, die ihnen keinen Spaß machen oder die sie vielleicht aus einer ganz anderen Sicht betrachten als die Eltern: Kinder mögen beispielsweise ein unaufgeräumtes Zimmer, sie lieben es, wenn ihre Wände bemalt sind oder wenn sie mit schwarzer Erde und Kieselsteinen in einer großen Schüssel des besten Sonntagsgeschirrs einen kleinen künstlichen Gartenteich anlegen. Kinder wollen nun mal alles ausprobieren, sie sind von Natur aus kleine Forscher. Sie zerlegen auch den neuen Kassettenrekorder erst einmal, um zu sehen, was da alles drin ist.

Kinder brauchen Pflichten

All das ist für Eltern immer wieder eine große Herausforderung. Sie sind außerdem meist überlastet damit, ihre Kinder anzuleiten und ihnen bestimmte Regeln beizubringen. Sie möchten nicht streng wirken, sie wollen sich der heutigen Zeit anpassen und ihren Kinder möglichst viele Freiräume lassen. So müssen die Kinder auch oft kaum Pflichten in der häuslichen Gemeinschaft übernehmen. Und viele Mütter sagen sich: »Wenn ich erst lange auf mein Kind einreden muss, bis es einmal sein Zimmer in Ordnung bringt, dann mache ich es lieber selbst, das geht viel schneller.« Wie also soll ein Kind lernen, dass es bestimmte Dinge tun muss? Es ist wichtig, dass Sie als Eltern es dazu motivieren, gewisse Pflichten zu übernehmen und sich für vieles zu interessieren. Wenn Kinder dies schon früh lernen, zeigen sie auch später, als Erwachsene, Tatendrang und Motivation. Nur so gelangen sie im Leben einmal zu Erfolg und Erfüllung.

Sicher fragen Sie sich jetzt, wie Sie Ihrem Kind auf sanfte Weise, ganz ohne Zwang, beibringen können, was es zu tun hat. Sie müssen hier irgendwie einen Weg finden, dass auch lästige Pflichten erfüllt und unangenehme Vorschriften und Regeln akzeptiert werden, ohne dass es gleich mit Trotz und Widerstand darauf reagiert. Drohen Sie nicht mit Strafen (siehe Seite 122ff. Kapitel »Bestrafen – muss das sein?«), das wäre nämlich der falsche Weg.

Das sollten Sie ändern: Viel besser als Strafen, als der Entzug sozialer Kontakte oder leere Drohungen wirken Motivation und Belohnung. Nur wenn es

✔ So wird Ihr Kind motiviert und zeigt Engagement

- **Eigene Erfahrungen sammeln:** Ihr Kind soll viel ausprobieren. Kinder sind meist aus sich selbst heraus motiviert. Eigentlich lernen sie gerne und experimentieren mit großer Freude. Lassen Sie dies zu, blockieren Sie Ihr Kind nicht in seinem Tatendrang, auch wenn das manchmal anstrengend ist. Akzeptieren Sie zwischendurch ein Chaos in der Wohnung, lassen Sie Ihrem Kind freien Auslauf im Garten, lassen Sie es ein Baumhaus errichten oder auch einmal eine Wand im Kinderzimmer mit Farbe selbst gestalten. Sie werden sehen, wie viel Spaß ihm das macht.
- **Ermutigen Sie Ihr Kind:** Geben Sie ihm die Chance, Neues kennen zu lernen, machen Sie ihm vielfältige Freizeitangebote, spornen Sie es an, bestimmte Interessen zu verfolgen. Nehmen Sie es beispielsweise schon von klein auf mit auf den Tennisplatz, wenn Sie spielen, gehen Sie mit ihm in ein Kindertheater, zu einem Konzert, zu einem Kinder-Musical oder in einen Kinofilm, der seinem Alter entspricht.
- **Lob und Anerkennung:** Das braucht jeder Mensch, auch die Kinder. Sie sind besonders darauf angewiesen, weil sich ihr Selbstwertgefühl erst noch entwickeln muss. Dies kann in positiver Weise durch Mut machende Rückmeldungen aus dem Umfeld geschehen. Geizen Sie deshalb nicht mit Lob! Zeigen Sie Ihrem Kind jeden Tag Ihre Wertschätzung, auch bei Kleinigkeiten im Alltag. Sprechen Sie Ihr Kind stets direkt an. Verwenden Sie solche oder ähnliche Formulierungen: »Toll, wie du das machst!« oder »prima, wie wunderschön du dieses Bild gemalt hast«. Auch Sätze, in denen Sie Ihre Gefühle und Ihre Einstellung zu Ihrem Kind darstellen, kommen gut an, beispielsweise »ich bin so stolz auf dich!«. Solche Sätze sind ein kraftvoller, äußerst positiver Impuls für das Selbstwertgefühl Ihres Kindes. Es merkt, dass Sie sich über seine Leistungen freuen. Das ist Motivation, Ihr Kind wird daraus viel Stärke und Antriebskraft schöpfen.
- **Mit Gleichgesinnten zusammenbringen:** Lassen Sie es zu, dass Ihr Kind sich auch durch andere begeistern lässt. Vielleicht findet es eine Gruppe von kleinen Malern, die unter Anleitung ihrer Kreativität freien Lauf lassen, oder eine Turngruppe, die ein gemeinsames Ziel hat, zum Beispiel eine Meisterschaft zu gewinnen.

richtig motiviert ist und auch wirklich aus eigenem Antrieb handelt, kann ein Kind sich erfolgreich für eine Sache einsetzen. Damit stärken Sie gleichzeitig die Lebensfreude Ihres Kindes, es lernt, dass es sich erst einmal anstrengen muss, um zu guten Resultaten zu gelangen. Und wenn Sie Ihrem Kind kleinen Belohnungen in Aussicht stellen, dann wird es bestimmt auch unangenehme Pflichten erfüllen. Ein Kind, das gelernt hat, sich in die Familiengemeinschaft so einzufügen, dass es die dort geforderten kleinen Aufgaben erledigt, wird auch im späteren Leben einmal gut vorankommen.

Immer wieder wichtig: Lob und Anerkennung

Sagen Sie Ihrem Kind tagtäglich aufs Neue, dass es die Dinge, die es tut, auch gut macht, beispielsweise: »Du hast einen wunderschönen Weihnachtsstern gebastelt« oder »heute hast du ja dein Zimmer aufgeräumt, das hast du prima gemacht. Wenn du willst, bekommst du aus dem Baumarkt noch ein paar Kunststoffboxen, in die du deine kleinen Legosteine sortieren kannst. So findest du sie dann später viel besser wieder.« Sicher macht Ihr Kind hierbei begeistert mit. Es wählt die Größen der Boxen selbst aus und überlegt sich gleich, welche Steine es in welche Schachtel geben wird.

Diesen kleinen Trick, das Motivieren und gleichzeitige Belohnen, können Sie in vielen Alltagssituationen anwenden: »Natürlich darfst du deinen Freund besuchen, wenn du vorher alle Hausaufgaben erledigt hast.« Wenn Ihr Kind seine kleinen Pflichten in der Schule und im Alltag gut erfüllt, dürfen immer wieder einmal Belohnungen winken, etwa ein schöner Wochenendausflug, der Besuch eines Wellenbads oder eine Kinovorstellung. Lassen Sie als Eltern hier Ihrer Fantasie freien Lauf.

Aber Vorsicht: Übertreiben Sie es nicht mit den Belohnungen, denn wenn Ihr Kind sich nur dann motivieren lässt und Engagement zeigt, wenn eine Belohnung lockt, sind Sie als Eltern über Ihr Ziel hinausgeschossen!

5 Fairness und Teamgeist

✔ **Zwei kleine Alltagsgeschichten:** Marco (10) ist ein extrem ehrgeiziges Kind. Als er mit seinen beiden Freunden »Mensch ärgere Dich nicht« spielt, beginnt er zu schummeln, um nicht zu verlieren. Ohne dass es seine Kumpels merken, rückt er, wenn er am Zug ist, immer ein paar Felder weiter als es seine gewürfelte Augenzahl erlaubt. Aber dann plötzlich deckt Andreas, einer der Freunde, das Falschspiel auf: »Wenn du so spielst, mache ich nicht mehr mit!«, verkündet er laut. Und Marco meint: »Ach komm, sei kein Spielverderber!« Das Brettspiel geht zwar weiter, aber Marco verliert nun doch sehr schnell die Freude daran, weil er ohne seine kleinen Schummeleien haushoch am Verlieren ist. Der Junge bricht die Runde nach kurzer Zeit ab. Natürlich sind seine beiden Freunde sehr enttäuscht.

✔ Brigitte ist mit ihren 12 Jahren schon eine sehr gute Tennisspielerin. Zusammen mit ihrer ebenfalls sehr talentierten gleichaltrigen Freundin Bärbel wird sie vom Jugendtrainer des Clubs dreimal in der Woche trainiert. Die beiden Mädchen haben ein enormes Ballgefühl und machen rasch Fortschritte. Bärbel wird bald Meisterin in der Region, und zusammen mit Brigitte bildet sie ein schier unschlagbares Team.

Was ist das Erfolgsgeheimnis des siegreichen Duos? Die Mädchen harmonieren als Team perfekt: Bärbel ist schnell und wendig, sie »erläuft« alle kurzen Bälle und vermag zielgenau zu platzieren. Brigittes Stärken sind eine saubere Technik und eine hohe Intelligenz. Die kleinen Spielerinnen irritieren ihre meist älteren Gegnerinnen mit kleinen Tricks, die sie perfekt einstudiert haben und bringen diese damit völlig aus dem Konzept. Genau diese Taktik führt sie über Jahre hinweg zu zahlreichen Siegen. Brigitte und Bärbel sind darüber hinaus die besten Freundinnen. Auch außerhalb des Tennisplatzes gehen sie gemeinsam »durch dick und dünn«.

So zeigt sich das Problem: Was Brigitte und Bärbel gelungen ist, nämlich ein perfektes Team zu bilden, schaffen heute nur wenige. Denn in unserer zunehmend individualisierten Welt, die immer stärker auf die Befriedigung der Bedürfnisse des Einzelnen statt auf das Gemeinschaftswohl ausgerichtet ist, fällt es nicht nur den Kindern, sondern auch den Erwachsenen schwer, zusammenzuarbeiten, ein Team zu bilden und ein konstruktives Miteinander zu pflegen. Auch mit der Fairness nehmen es viele Kinder nicht immer so genau, wie der zehnjährige Marco in unserer Fallgeschichte. Es gibt heute einen starken Konkurrenzkampf, nicht nur unter den Kindern. Auch wir Erwachsenen müssen oft erst einmal andere aus dem Feld schlagen, um zum Beispiel beruflich erfolgreich zu sein, um im harten Arbeitsalltag zu bestehen.

In früheren Familienstrukturen war es eine Selbstverständlichkeit, dass alle zusammenhalten, dass jeder den anderen unterstützt und fair mit ihm umgeht: Da bildete die Großfamilie das Team, und jeder hatte in dieser Gemeinschaft seinen ganz bestimmten Platz. Es fand eine Arbeitsteilung statt, jedes Familienmitglied hatte seine Aufgaben. Aber heute sieht das ganz anders aus, Großfamilien in der klassischen Form existieren kaum noch. Dafür gibt es immer mehr Ein- oder maximal Zweikindfamilien und viele allein erziehende Mütter und Väter.

Einsame Einzelkinder

Einzelkindern fehlt die Auseinandersetzung mit Geschwistern. Diese gäben ihnen auf ganz natürliche Weise schon früh die Chance, Konflikte und deren Bewältigung, aber auch positive Erlebnisse innerhalb eines Teams zu erfahren. Wenn die Eltern außerdem wenig Zeit haben, sich um ihr Kind zu kümmern, ist der nicht selten sich selbst (oder dem Fernsehgerät) überlassen. Besuchen die Kinder dann vielleicht nicht einmal einen Kindergarten, haben sie kaum die Möglichkeit, die für ein soziales Miteinander notwendigen Erfahrungen zu sammeln. Wie sollen sie lernen, Teamgeist zu entwickeln? Dieser fehlt ihnen dann womöglich

✔ Fairness und Teamgeist: So profitiert Ihr Kind

Diese beiden Tugenden sind wichtige soziale Fähigkeiten, nicht nur im Sport, sondern auch in allen anderen Lebensbereichen, in der Familie, in der Beziehung zu Freunden und im Job. Deshalb hat ein Kind, das diese Fähigkeiten gut trainiert hat, große Vorteile gegenüber anderen, die sich nicht so leicht in eine Gemeinschaft einfügen können. Ihr Kind vermag später in der Schule, im Studium sowie im Beruf viel besser mit den Menschen aus seinem Umfeld zusammenzuarbeiten, mit seinen Kameraden, Kommilitonen und Kollegen. Es entwickelt einen »guten Draht« zu seinen Mitmenschen, was ihm automatisch Punkte einbringt, wenn es darum geht, auch vom Wissen anderer zu profitieren. Dies ist heute unumgänglich, denn einer allein kann unmöglich alles wissen und können.
In den Bereichen, in denen Ihr Kind nicht so stark ist, in denen es auf die Unterstützung von anderen angewiesen ist, wird man ihm dann sicher bereitwillig Hilfe zukommen lassen, wenn man merkt, dass es nicht in einen Konkurrenzkampf treten möchte. Es wird in der Beliebtheitsskala seiner Mitmenschen bestimmt einen hohen Rang einnehmen, weil es gelernt hat, Mitgefühl und Hilfsbereitschaft zu entwickeln (siehe Tugendpaar 2 auf Seite 74ff.), weil es auf andere eingehen und deren Gefühle respektieren kann. Durch das Training von Teamgeist und Fairness wird Ihr Kind also automatisch in sozialer Kompetenz geschult: Es verhält sich gerecht und ist aufrichtig, es kann Ideen und Visionen teilen und sich auch über die Erfolge anderer freuen. Es zeigt Hilfsbereitschaft und mag Teamwork, es kann die Arbeit so deligieren, dass jeder gleichermaßen bestimmte Funktionen und Aufgaben zu erfüllen hat und nicht alle Pflichten von nur einigen wenigen übernommen werden müssen.

auch im späteren Leben. In den meisten Berufen können Einzelkämpfer kaum noch bestehen. Freilich gibt es hier ein paar Ausnahmen, beispielsweise Wissenschaftler und Tüftler, die sich in ein kleines Büro oder in ein Labor zurückziehen, oder Schriftsteller, die einsam ihre Werke hervorbringen.

Das Berufsleben ist in unserem schnelllebigen Informationszeitalter sehr vielschichtig geworden. Es ist geprägt von ständig neuem Wissen, neuen Erkenntnissen und Inhalten. Vieles unterliegt einem stetigen Wandel, man muss sehr flexibel sein und sich immer wieder auf den neuesten Stand bringen, um mithalten zu können. Mit Sicherheit ist man viel erfolgreicher, wenn man bereit ist, mit anderen zusammenzuarbeiten, sich auszutauschen, sich Arbeit zu teilen, sich gegenseitig zu inspirieren und zu unterstützen.

Wenn Kinder schon frühzeitig erfahren, wie gut sich Ziele verwirklichen lassen, weil sie gemeinsam angepackt werden und wenn sie ehrlich, aufrichtig und fair mit den anderen umgehen, dann werden sie auch später, in der Schule, während der Ausbildung und im Job, viel lieber im Team arbeiten wollen statt als Einzelkämpfer, sie werden Kooperationsfähigkeit zeigen statt Konkurrenzdenken.

Das sollten Sie ändern: Vermitteln Sie Ihrem Kind, wie viel (mehr) Spaß es macht, etwas in einer Gruppe zu unternehmen und zu erarbeiten als alleine. Gemeinsam zum Ziel zu gelangen bringt doppelt Freude. Das heißt natürlich nicht, dass Ihr Kind von nun an nur noch alles mit anderen zusammen tun soll. Nein, es ist selbstverständlich auch wichtig, dass es manches alleine macht und zwischendurch auch einmal ganz für sich ist. Auf bestimmte Aufgaben muss es sich sogar alleine konzentrieren, um seine eigenen Gedanken dazu sammeln zu können. Gewisse Dinge von sich aus zu erledigen gehört ja auch zur Selbstständigkeit eines Kindes, die es ebenfalls früh – in kleinen Schritten – lernen muss.

Das Beste für Ihr Kind ist, wenn es beide Fähigkeiten beherrscht, nämlich sich in ein Kollektiv integrieren zu können sowie auch einmal gerne mit sich allein zu sein. Lassen Sie Ihr Kind von klein auf möglichst viel an Gemeinschaftsaktionen teilhaben, in der Familie, mit Verwandten und Freunden. Kinder sind von Natur aus aufgeschlossen und neugierig, sie wollen die Welt entdecken und dabei nichts unerforscht lassen. Deshalb sind sie ohnehin automatisch auf Gemeinschaften gepolt, sie können Teamfähigkeit und Teamgeist ganz von selbst

✔ So lernt Ihr Kind, teamfähig und fair zu werden

- **Vorbilder:** Leben Sie Ihrem Kind vor, wie Sie selbst sich beispielsweise in einer Theatergruppe oder in Ihrer Tennismannschaft wohl fühlen. Zeigen Sie ihm, dass Sie Ihre Familie als wichtige Säule in Ihrem Leben schätzen. Legen Sie außerdem dar, wie andere Menschen erfolgreich im Team zusammenarbeiten, etwa durch Berichte in Zeitungen oder durch gezielt ausgewählte Fernsehbeiträge. Da sieht Ihr Kind vielleicht ein Ruderteam oder eine Volleyballmannschaft, die aufgrund ihres perfekten Zusammenwirkens siegen, eine Tennismannschaft, die gemeinsam zum Erfolg gelangt, ein Unternehmen, das dank der guten Zusammenarbeit qualifizierter Führungskräfte aufblüht oder eine Architektengruppe, die ein einzigartiges Bauwerk errichtet hat.
- **Zusammen spielen:** Das ist eine tolle Möglichkeit, Ihrem Kind einen Gemeinschaftssinn zu vermitteln. Darüber hinaus bringt sie auch noch viel Spaß. Sie können ein Spiel auch als Ritual zelebrieren, beispielsweise ein Kartenspiel oder ein Brettspiel zu zweit vor dem Einschlafen. Aber auch Gesellschaftsspiele wie der Klassiker »Mensch ärgere Dich nicht« oder Halma, Mühle, Scrabble, Memory, Monopoly und andere lehren Ihr Kind, gewinnen und verlieren zu können. Solche Freizeitvergnügungen fördern zudem die Kommunikation. Man unterhält sich, man ist dabei ausgelassen und fröhlich.
- **Beispiele darlegen:** Veranschaulichen Sie Ihrem Kind, wie essenziell Teamarbeit in vielen Bereichen des Lebens ist. Führen Sie Beispiele an, etwa ein Orchester, das nur dann harmonisch spielt, wenn jeder Musiker auch die Töne der anderen hört und beachtet oder die Fußballmannschaft, die nur dann gewinnt, wenn die einzelnen Sportler sich den Ball zuspielen, wenn alle eine gemeinsame Strategie verfolgen. Das Kreativ-Team einer Werbeagentur gestaltet nur dann eine Kampagne überzeugend, wenn die verschiedenen Kompetenzen, die des Texters, des Grafikers und des Kundenbetreuers, zusammenfließen.

lernen. Die Lieblingsbeschäftigung von allen Kindern ist das Spielen. Und genau hierbei bekommen sie die wichtige Tugend der Fairness vermittelt. Wenn Ihr Kind schon früh beim

Spielen mit anderen Kindern und auch mit Erwachsenen lernt, dass es nicht schlimm ist zu verlieren, dann wird es auch gar nicht erst versuchen, durch unlautere Mittel zum Sieg zu gelangen.

Ganz egal, in welchen Situationen des Alltags Sie sich befinden, Kinder lieben stets das Miteinander. Pflegen Sie es sorgfältig, übertragen Sie Ihrem Kind kleine Aufgaben, die es selbstständig für die Familie, für Freunde oder eine andere Gruppe erledigen darf.

Unternehmen Sie viel mit Ihrem Kind, entdecken Sie gemeinsam die Welt, geben Sie ihm die Möglichkeit, Menschen bei der Teamarbeit zu erleben: etwa bei einem Fußballmatch, bei einer Tanz- oder Theateraufführung, im Kindermusical, im Zirkus und bei zahlreichen anderen Gelegenheiten.

6 Respekt und Höflichkeit

✔ **Zwei kleine Alltagsgeschichten:** Robert, gerade vier Jahre alt geworden, und seine Mutter sind in der Straßenbahn unterwegs. Der Kleine sitzt auf Mamas Schoß und blickt neugierig umher. Er zeigt aus dem Fenster, auf die herbstlichen Bäume draußen und die vorbeifahrenden Autos. »Mamaaa, ist es noch weit?«, will Robert dann wissen. Er fängt nämlich langsam an, sich zu langweilen und müde zu werden. »Nein, nur noch vier Stationen, dann sind wir da«, antwortet die Mutter. An der nächsten Haltestelle erwacht Robert jedoch schlagartig wieder zu neuem Leben. Ein Afrikaner ist eingestiegen und setzt sich – ausgerechnet – Roberts Mutter gegenüber. Sie weiß, dass ihr Sohn den Mann anstarrt, obwohl sie eigentlich nur den Hinterkopf ihres Jungen sehen kann. Und dann ist es auch schon passiert: »Mama!?« Die feine, helle Stimme des Kindes scheint bei diesem Wort jede noch so kleine Ecke der Straßenbahn auszufüllen – oder zumindest denkt das die Mutter, die bereits ahnt, was jetzt kommt. Aber dem Kind einfach den Mund zuhalten? Nein, das geht nicht. Die ersten Leute haben sich bereits zu Robert umgedreht, eine ältere Frau lächelt freundlich über den Gang.

»Was denn, Robert?« fragt die Mutter zurück und hat noch eine letzte Hoffnung, dass es doch nicht passieren wird ... »Mamaaa, « setzt Robert nochmals an, »warum hat der Mann denn so eine schwarze Haut?« Und im selben Moment schießt auch schon, als wenn die Mutter nicht wüsste, was ihr Sohn meint, der Zeigefinger seiner rechten Hand vor und deutet auf den Mann.

In der Straßenbahn – so empfindet es zumindest die Mutter – scheint es schlagartig totenstill geworden zu sein. Der Gesichtsausdruck der älteren Dame ist mit einem Mal sehr besorgt. Irgendwo stößt jemand deutlich hörbar die Luft aus. Doch der Afrikaner lächelt Robert freundlich an und noch bevor die Mutter zu einer Erklärung ansetzen kann, sagt er: »Damit ich keinen Sonnenbrand bekomme, mein Kleiner.«

✔ Der 15-jährige Marvin kommt nach Hause und erzählt, wie auf dem diesjährigen Schulfest das traditionelle Basketballspiel der Schüler gegen die Lehrer gelaufen ist. »Na ja, zuerst haben wir es den alten Herren mal ein bisschen gezeigt«, sagt Marvin und lacht. »Was meinst du?«, fragt sein Vater, der selbst früher aktiver Spieler war. »Wir haben den Ball schön hin- und hergespielt und sie ordentlich laufen lassen«, sagt der 15-Jährige lässig und grinst. »Ehrgeizig waren sie ja schon. Das hätte glatt für zwei Mannschaften gereicht. Aber unsere Lehrer sind ja so außer Form, dass sie ziemlich schnell geschwitzt und gekeucht haben.«

Marvins Vater kann sich vorstellen, wie sehr es den Jungs gefallen haben muss, den Paukern wenigstens beim Sport einmal zeigen zu können, was eine Harke ist. »Und dann habt ihr sie so richtig abgeschossen?«, fragt Marvins Vater weiter und stellt sich vor, wie die Buben nach dem Spiel unter der Dusche wilde Siegestänze aufgeführt haben. »Nee, wir haben knapp verloren«, antwortet

Marvin. Aber er grinst immer noch, als würde ihm das alles nichts ausmachen. »Was? Ihr habt gegen die konditionsschwachen, alten Lehrer verloren? Wie konnte das denn passieren?« »Ach«, sagt Marvin locker, »weißt du Papa, das hat etwas mit Respekt zu tun.« »Respekt?« Der Vater ist baff. Wo hat der Junge das denn jetzt schon wieder her! »Na ja, in der Halbzeit lagen wir deutlich vorne und da habe ich dann vorgeschlagen, dass es ziemlich respektlos ist, wenn wir jungen Kerle die alten Herren so vorführen. Da haben wir sie eben knapp gewinnen lassen. Du glaubst gar nicht, wie die sich gefreut haben!«

So zeigt sich das Problem:
Anderen gegenüber höflich und respektvoll zu sein und gutes Benehmen an den Tag zu legen – diese Werte spielen heute wieder eine große Rolle, nachdem sie jahrelang eher ein Mauerblümchendasein gefristet haben. Eine Umfrage des Instituts Allensbach zeigt, dass 87 Prozent aller Eltern Höflichkeit und Respekt für das wichtigste Ziel in der Erziehung halten. Zum Vergleich: Anfang der 1990er Jahre waren es nur 73 Prozent der Eltern.

Allerdings verstehen Eltern heute unter Höflichkeit und Respekt etwas anderes als noch die Großeltern, die damit den »Drill« zur Höflichkeit meinten, den es heute – zum Glück – nicht mehr gibt. Kinder müssen nicht mehr stundenlang am Tisch gerade sitzen und sie dürfen auch dann reden, wenn sie nicht gefragt werden. Die Begrüßung mit einem Diener ist heute ebenfalls für niemanden mehr wichtig. Höflichkeit heißt in der modernen Zeit nicht mehr, ständig darauf aufmerksam gemacht zu werden, dass man gerade – zum soundsovielten Mal – gegen irgendwelche Regeln verstoßen hat.

Aber auch ohne den Drill ist es ein langer, steiniger Weg, Kinder zu respektvollen, höflichen Menschen zu erziehen. Nicht selten treibt dies die Eltern an den Rand der Verzweiflung. Selbst von den ganz einfachen Regeln der Höflichkeit, wie etwa »bitte« oder »danke« zu sagen, hat ein Vierjähriger nicht

✔ Respekt und Höflichkeit: So profitiert Ihr Kind

Respektvolles und höfliches Verhalten sind allgemein anerkannte Regeln, die verhindern sollen, dass jeder seine Aggressionen gegen andere ungezügelt ausleben kann. Das Händeschütteln, »bitte« und »danke« sagen, aufmerksames Zuhören, ältere oder in der Hierarchie höher stehende Menschen vorgehen lassen und vieles mehr sind Rituale, die die Distanz zwischen Menschen, die sich fremd sind oder gar miteinander konkurrieren, herstellen und aufrecht erhalten.
Das Positive an Respekt und Höflichkeit ist, dass man gesittet miteinander umgeht, sogar dann, wenn man sich vielleicht gar nicht leiden kann. Respekt signalisiert aber auch, dass man einen anderen Menschen, seine Persönlichkeit und vielleicht auch seine gesellschaftliche Stellung anerkennt und ihn angemessen behandelt.
Höflichkeit ist überall dort ein gutes Mittel, wo es gilt, eine schon leicht angespannte Atmosphäre aufzulockern und zu verhindern, dass sie durch weitere Grobheiten noch mehr vergiftet wird.
Daneben zeigt höfliches Verhalten aber auch, was jemand von sich selbst hält. Wer unfreundlich ist, sich ohne groß nachzudenken wie ein grober Klotz benimmt, wem es völlig egal ist, wie sein Verhalten auf andere wirkt, der zeigt damit auch, dass er von sich selbst recht wenig hält.
Höfliche und respektvolle Menschen sind angenehme Zeitgenossen, mit denen jeder gerne Umgang hat, weil sie die Fähigkeit besitzen, andere Menschen einfach so sein zu lassen, wie sie sind – oder wie sie eben nicht sind.

die geringste Ahnung. Die Kinder sagen einfach, was sie gerade denken oder sehen – so wie der kleine Robert aus unserer Alltagsgeschichte. Das Kind entdeckt etwas Aufregendes, Spannendes, vielleicht sogar Verwirrendes und muss das sofort mitteilen. Der Drang ist einfach zu groß. Seine Beobachtungen für sich behalten, das kann ein Vierjähriger noch nicht.

Über die Folgen seiner Mitteilungen macht sich Robert natürlich überhaupt keine Gedanken. Dass er einem anderen Menschen damit zu nahe tritt, wenn er lauthals auf dessen Hautfarbe hinweist, mit dem Finger auf ihn zeigt oder seine Mutter womöglich fragt, warum ein Mann so einen klobigen Schuh trägt, ist einem kleinen Kind noch nicht klar. Es kann sich einfach noch nicht in die Lage eines anderen Menschen hineinversetzen.

Sich in die Situation eines anderen Menschen hineinversetzen, das kann Marvin mit seinen 15 Jahren allerdings schon sehr gut. Er vermag die Situation gut einzuschätzen. Eigentlich ist alles nur ein Spaß. Das heißt jedoch nicht, dass es dabei nicht doch zumindest ein wenig auch um Ehrgeiz oder das »Gerne-gewinnen-Wollen« geht. Mit 15 oder 16 Jahren – das weiß Marvin natürlich ganz genau – ist man einem »älteren Herrn«, der schon 50 oder 55 Jahre auf dem Buckel hat, normalerweise konditionell überlegen. Dies jedoch schamlos auszunutzen und die Pauker in Grund und Boden zu spielen, hält Marvin für respektlos gegenüber den Lehrern. Deshalb findet er es auch ganz okay, bei so einem Spaßspiel zu verlieren und sich dann hinterher auch noch sicher zu sein, eine gute Tat vollbracht zu haben.

Das sollten Sie ändern: Kinder sind in ihren ersten Lebensjahren aufgrund ihrer Entwicklung nicht in der Lage zu begreifen, wie andere Menschen denken und fühlen. Das erleben ihre Eltern Tag für Tag. Trotzdem können sie ihren Kleinen schon eine Vorstellung davon geben, wie es ist, sich in andere hineinzuversetzen. Für Kinder läuft noch sehr viel über Empfindungen und Gefühle. In einer Situation wie sie Roberts Mutter mit ihrem Kind erlebt, ist es schwierig, aber nicht unmöglich, entspannt und locker zu bleiben. Sie könnte das Kind entweder ablenken oder einfach abwarten, was passiert. Wie wird Robert auf die Antwort des Mannes reagieren?

Wenn Sie einmal mit Ihrem Kind in eine ähnliche Situation kommen, sollten Sie auf jeden Fall später mit ihm noch einmal darüber sprechen und ihm das Gespür für die Lage eines anderen Menschen über das eigene Erleben nahe bringen. Etwa mit Erinnerungen wie »weißt du

✔ So lernt ihr Kind, respektvoll und höflich zu sein

- **Ruhe bewahren:** Was Höflichkeit und Respekt angeht, machen Kinder – und damit auch ihre Eltern – einige Höhen und Tiefen durch. In einem Alter zwischen zwei und vier Jahren neigen sie nur allzu oft dazu, ihren bisher an den Tag gelegten Charme einfach zu »vergessen«. Man reicht nicht mehr die Hand zur Begrüßung, man sagt nicht mehr »bitte« oder »danke«, man posaunt laut heraus, was gerade die Neugier weckt. Schulkinder legen auf einmal einen rauen, auf dem Pausenhof erlernten Ton an den Tag. Für Teenager gar sind Höflichkeit und Respekt häufig nur »affiges Theater«, das man gar nicht braucht. Auch wenn es für Eltern schwierig ist zu glauben, aber die unhöflichen und respektlosen Phasen im Leben der Kinder kommen nun mal – und sie gehen auch wieder. Dagegen anzukämpfen, vielleicht noch mit ebenfalls unhöflichen oder respektlosen Methoden, ist eher aussichtslos.
- **Grundregeln wiederholen:** Zeigen Sie Ihrem Kind immer wieder die Grundregeln der Höflichkeit. Seien Sie auch hier ein gutes Vorbild. Lassen Sie es ausreden, sagen Sie selbst »bitte«, wenn Sie einen Wunsch haben und »danke«, wenn Ihnen jemand eine Gefälligkeit erweist. Wenn Sie etwas verlangen, bringen Sie dies in einem ruhigen Ton hervor. Achten Sie das, was Ihr Kind sagt, setzen Sie sich damit auseinander, nehmen Sie es ernst. Sie als Eltern müssen sich auch Ihren eigenen Kindern gegenüber respektvoll verhalten. Machen Sie sie mit Ruhe und Geduld auf Verfehlungen aufmerksam, weisen Sie es aber nicht zurecht. Höflichkeit und Respekt sind keine Werte, die man durch Drill erlernt.

noch, wie du neulich aus der Nase geblutet hast?« oder »was würdest du dazu sagen, wenn auf der Straße jemand mit dem Finger auf dich zeigt?« Mit Sicherheit wird Ihr Kind darüber nachdenken. Allerdings sollten Sie sich auch darüber im Klaren sein, dass es noch eine Zeit dauern wird, bis Ihr Kind lernt, seine Neugier aus Rücksicht auf andere zu kontrollieren. Frühestens mit Beginn der Schulzeit lernen Kinder, Auffälligkeiten bei anderen kommentarlos zu übergehen.

7 Ehrlichkeit und Gerechtigkeit

✔ **Zwei kleine Alltagsgeschichten:** Fabian geht es momentan gar nicht gut. Im neuen Schuljahr hat der Junge einen Lehrer bekommen, mit dem er nicht zurechtkommt. Die Folge ist, dass der Neunjährige in seinem Paradefach Mathematik von einer Eins auf eine Vier abgerutscht ist. Zudem hat ihn ein Junge aus einer höheren Klasse auf dem Kieker und droht ihm Schläge an, wenn er sein Taschengeld nicht hergibt. Zu allem Übel ist auch noch Fabians bester Freund weggezogen, weil dessen Vater versetzt wurde. Auch beim Hockey läuft es für den Buben, der immer ein besonders begehrter Mitspieler war, alles andere als gut. Seit kurzem macht ein Junge mit, der ein Jahr älter als Fabian und deshalb auch besser ist. Fabian sitzt jetzt nur noch auf der Ersatzbank und schaut seinen Kumpels frustriert beim Spielen zu. Zu Hause wird der Junge immer einsilbiger, er verschanzt sich in seinem Zimmer und hat zu nichts mehr Lust.

Fabians Mutter bekommt natürlich mit, dass ihr Jüngster – seine Geschwister sind 11 und 14 Jahre alt – im Augenblick gar nicht gut drauf ist. Sie fragt ihn, was los sei und er erzählt ihr alles. Um ihm über diese schwierige Zeit hinwegzuhelfen, beschließen Fabians Eltern, sich verstärkt um ihren neunjährigen Sohn zu kümmern. Die Mutter hilft ihm bei den Hausaufgaben, sie nimmt ihn mit zum Einkaufen in die Stadt, sie liest ihm abends länger vor. Auch der Vater bemüht sich um den Jungen. Er hat zwei Freikarten für den Zirkus geschenkt bekommen und besucht ihn am Wochenende zusammen mit Fabian. Es dauert natürlich gar nicht lange, bis die Geschwister sich beschweren: »Ständig ziehst du den Kleinen vor, das ist ungerecht«, beklagen sie sich bei der Mutter. Nur mit viel Mühe und Geduld kann sie ihren beiden »benachteiligten« Kindern erklären, dass Fabian gerade eine schwierige Phase durchzustehen hat und etwas mehr Aufmerksamkeit und Fürsorge braucht also sonst. Doch so richtig zufrieden geben sich die beiden Großen erst, als die Mutter ihnen erklärt, dass sie sich um sie genau so kümmert, wenn es ihnen einmal schlecht geht.

✔ Die zwölfjährige Martina kommt zwei Stunden zu spät aus der Schule. »Wo kommst du denn jetzt her?«, fragt die Mutter aufgebracht. »Eigentlich solltest du doch schon um eins zu Hause sein und mir helfen. Schließlich weißt du, dass am Wochenende die Kommunion von deiner kleinen Schwester ist. Und da gibt es noch jede Menge zu tun!« »Tut mir leid«, sagt Martina, »aber heute war wieder Mathe-Projektgruppe. Da muss ich unbedingt mitmachen.« »Mathe-Projektgruppe? Aber die ist doch sonst immer donnerstags, heute ist doch Mittwoch!«, hakt Martinas Mutter nach. »Ja«, windet sich die Zwölfjährige, »aber Frau Simon hat die Projektgruppe kurzfristig auf heute verlegt, weil sie morgen Nachmittag mit ihrem Sohn ins Krankenhaus muss. Der hat eine seltene Krankheit.«

»Na gut«, sagt Martinas Mutter und legt das Thema zu den Akten. »Dann kannst du jetzt ja deine Schularbeiten machen und mir später helfen.«

Zwei Tage später trifft Martinas Mutter zufällig die Lehrerin, Frau Simon. »Ah, gut dass ich Sie gerade sehe ...«, sagt Frau Simon. »Das tut mir wirklich leid mit Ihrem Sohn«, fällt Martinas Mutter ihr ins Wort, »was hat er denn?« Frau Simon runzelt die Stirn und überlegt. »Martin? Wieso? Der ist kerngesund.« »Ach so«, reagiert Martinas Mutter schnell, »dann habe ich da wohl etwas verwechselt.« »Aber da wir uns gerade treffen, Frau Lübke«, sagt Martinas Lehrerin, »ich mache mir Sorgen um Ihre Tochter. Sie kommt schon seit drei Wochen nicht mehr in die Projektgruppe. Und es wäre wirklich wichtig, dass sie mal wieder erscheint, weil ihre Versetzung sonst gefährdet sein könnte.«

Martinas Mutter glaubt, ihren Ohren nicht zu trauen. Dass ihre Tochter sie so belogen hat, geht ihr wirklich nahe. »Ja, das sollten wir machen«, sagt die Mutter mit leiser Stimme. Mit ihrer

Tochter möchte sie jetzt am liebsten auf der Stelle ein Hühnchen rupfen. »Rufen Sie mich doch heute am späten Nachmittag an, dann können wir einen Termin ausmachen.« »Gern«, sagt Martinas Mutter und verabschiedet sich. Zu Hause stellt sie ihre Tochter gleich zur Rede: »Ich habe gerade Frau Simon getroffen. Sie hat mir erzählt, dass du nicht in der Schule warst. Warum belügst du mich?« »Weil ich nicht in die Schule gehen will. Ich hab da keine Lust mehr drauf. Außerdem macht es mehr Spaß, mit Christiane bummeln zu gehen als in dem blöden Matheunterricht zu hocken«, erwidert Martina gereizt. »Das macht mich traurig, wenn du mich anlügst. Zur Strafe bekommst du eine Woche Stubenarrest. Und mit Christiane darfst du dich auch erst einmal nicht mehr treffen.«

So zeigt sich das Problem: Ehrlich und gerecht soll es zugehen auf der Welt! Diese Werte wollen Eltern ihren Kindern schon sehr früh im Leben vermitteln. Sie sollen beizeiten lernen, anderen gegenüber ehrlich zu sein und alle gerecht zu behandeln. Für ein friedliches Zusammenleben sollten möglichst alle Menschen die gleiche Vorstellung von Gerechtigkeit und Ehrlichkeit haben. Weder im Staat noch in einer Gruppe, noch in der Nachbarschaft oder in der Schule kann sonst Gerechtigkeit herrschen. In der Familie allerdings muss man beginnen, diese Tugend zu lehren, denn hier werden die Kinder zuerst damit konfrontiert. Je nachdem, wie sie hier Gerechtigkeit erleben, wird dies ihrem eigenen Gerechtigkeitssinn für das weitere Leben auch die entscheidende Prägung geben.

Kinder haben feine Antennen für Gerechtigkeit. Sie merken schnell, wenn jemand benachteiligt oder bevorzugt wird. Sie vergleichen einfach, wie sich die »Großen« ihnen und anderen gegenüber verhalten. Sie spüren die winzigen Unterschiede, beispielsweise den kaum merklich freundlicheren Tonfall in der Stimme oder das etwas größere Stückchen Schokolade, das der andere bekommt.

Fabians Geschwister aus unserer Fallgeschichte haben

✓ Ehrlichkeit und Gerechtigkeit: So profitiert Ihr Kind

Ehrliche und gerechte Menschen sind beliebt. Man kann sich auf sie verlassen, weil man weiß, dass sie das tun, was sie sagen und auch das denken, worüber sie reden. Wer bei der Wahrheit bleibt und ein Empfinden für Gerechtigkeit besitzt, strahlt natürliche Autorität, soziale Kompetenz und Intelligenz aus. Seine Mitmenschen wissen immer, woran sie bei ihm sind, weil ein ehrlicher und gerechter Mensch durch sein Verhalten auch signalisiert, dass er zu dem steht, was er sagt und denkt. Er weiß eben keinen Grund, seine wahren Motive hinter einer Lüge zu verbergen. Menschen, die sich für Gerechtigkeit einsetzen, kümmern sich stets auch um ihre Mitmenschen. Sie versuchen, soweit das möglich ist, gerechte Verhältnisse zu schaffen und setzen sich für Benachteiligte ein. Ob zu Hause in der Familie, im Berufsleben oder in einem Verein – an Menschen mit einem überzeugend ehrlichen und gerechten Auftritt orientieren sich andere gern.

natürlich gemerkt, dass ihr Bruder vorgezogen wird. Er bekommt mehr Aufmerksamkeit von der Mutter und darf mit dem Vater in den Zirkus gehen. Deshalb machen sie sich ganz schnell Gedanken darüber, warum sich die Eltern auf einmal so ungerecht verhalten. Wie es ihrem Bruder gerade geht, spielt dabei allerdings keine Rolle. Für sie steht lediglich fest: Fabian wird bevorzugt und wir müssen hinten anstehen.

Dass die Eltern sich deshalb so verhalten, weil Fabian gerade in einer Phase ist, in der er mehr Zuwendung braucht als andere, interessiert sie nicht. Dass er einige herbe Rückschläge und Enttäuschungen erleben musste und die Eltern jetzt etwas mehr braucht, um darüber hinwegzukommen, beachten sie kaum.

Fabians Mutter verfolgt mit ihrer »Ungerechtigkeit« nur einen Zweck: Sie will dafür sorgen, dass es ihrem Jüngsten wieder gut geht. Ihr ist dabei klar, dass sie nur für eine gewisse Zeit so handelt, bis der Junge wieder gut drauf ist. Die Sonne der mütterlichen Zuneigung wird dann wieder auf alle drei Kinder herabstrahlen.

Gerechtigkeit ist gerade unter Geschwistern ein brisantes Thema. Natürlich wollen die Eltern alle ihre Kinder gleich behandeln und lieb haben. Allerdings steuern sie sich damit auch in ein Dilemma. Denn vom Verstand her ist Gerechtigkeit einfach zu handhaben – zumindest wenn es nur darum geht, dass alle Kinder gleich viel Taschengeld oder die gleiche Menge an Bonbons bekommen. Was jedoch die Gefühle, die Zuneigung angeht, ist Gerechtigkeit schlichtweg unmöglich, wodurch Eltern in einen Zwiespalt geraten. Denn alle Kinder gleich, also gerecht zu lieben, das ist schlichtweg unmöglich.

Genau so wie zu anderen Menschen, haben auch Eltern zu ihren Kindern persönliche Beziehungen und Empfindungen. Und die können nicht zu allen Kindern identisch sein, denn jedes ist anders und gibt ein anderes Feedback. So ist es beispielsweise möglich, dass ein Vater, ein erfolgreicher Architekt, zu seinem Sohn, der ebenfalls Architekt werden will, einen engeren Draht hat als zur Tochter, die mit der Baukunst so gar nichts am Hut hat und sich für asiatische Sprachen interessiert.

Das sollten Sie ändern: Jedem Kind das Gleiche zu geben ist sicherlich empfehlenswert. Aber dabei stellt sich die Frage, ob dies auch jedem Kind gerecht wird. Kinder sollten beizeiten lernen, dass es durchaus unterschiedliche Situationen geben kann, in denen Gerechtigkeit bewertet wird. Von ihrem Standpunkt aus betrachtet haben Fabians Geschwister bestimmt Recht, wenn sie sagen, dass sie benachteiligt werden. Aber wäre es nicht ungerecht, Fabian in seiner Situation alleine zu lassen, sich nicht weiter um ihn zu kümmern? Es wäre nicht nur ungerecht, es wäre auch bar jeden Mitgefühls, auf Fabian in seiner besonderen Situation keine Rücksicht zu nehmen. Fabians Mutter hat diese Gelegenheit genutzt, um ihren beiden anderen Gerechtigkeitsfanatikern nahe zu bringen, wie hart es sein kann, wenn die Regeln ganz streng und eng eingehalten werden. Sie erklärt ihnen, dass sie es nicht übers Herz bringt, diese Art von Gerechtigkeit auch ihren

✔ So lernt Ihr Kind, ehrlich und gerecht zu sein

- **Seien Sie ein gutes Vorbild:** Natürlich gilt diese Empfehlung für alle Werte. Aber gerade für Ehrlichkeit und Gerechtigkeit ist sie besonders wichtig, denn im Trubel des Alltags rutscht Eltern schnell mal eine Notlüge heraus. Zum Beispiel wenn das Telefon klingelt und jemand dran ist, mit dem die Eltern gerade nicht reden wollen: »Sag, ich bin nicht da.« Für Erwachsene ist so etwas vielleicht keine Lüge, sondern eine Ausrede. Das Problem dabei: Kinder können noch nicht zwischen einer Ausrede und einer Lüge unterscheiden – und selbst Jugendlichen fallen die manchmal hauchzarten Unterschiede zwischen »Gerade-noch-wahr« und »Eigentlich-schon-gelogen« nicht ganz leicht. Kleinere Kinder sind damit völlig überfordert. Für sie sind auch winzige Schwindeleien bereits Lügen. In die kindliche Logik übersetzt bedeutet dies: Lügen ist in Ordnung. Papa und Mama machen das ja schließlich auch, also kann es nicht verkehrt sein.
- **Warum lügt das Kind?** Fast immer steckt ein handfester Grund dahinter: Scham, weil das Kind ungeschickt war, weil es einen Freund schützen will oder – der häufigste Grund – Angst vor Strafe. Eltern können verhindern, dass Kinder lügen, indem sie nicht sofort jede Kleinigkeit bestrafen, vor allem dann nicht, wenn sie einen Fehler eingestehen. Besser ist es, das Kind wegen seines Missgeschicks zu trösten. »Das ist doch nicht so schlimm. Es kann ja mal passieren, dass ein Teller zu Bruch geht. Komm, hol mal Besen und Schaufel, dann fegen wir zusammen die Scherben auf und alles ist wieder gut.«
- **Konsequenzen aufzeigen:** Auch größeren Kindern und Jugendlichen, sogar vielen Erwachsenen, ist nicht immer so ganz klar, welche Konsequenzen Lügen haben können. »Wer einmal lügt, dem glaubt man nicht – und wenn er auch die Wahrheit spricht«. Das Vertrauen geht verloren und damit ist das Verhältnis untereinander gestört. Man geht nicht mehr offen und ehrlich miteinander um, man zieht sich voneinander zurück, hält Abstand und ist vorsichtig, weil man ja immer damit rechnen muss, erneut mit Lügen konfrontiert zu werden.

Jüngsten spüren zu lassen – und zwar ausgerechnet dann, wenn er dringend Hilfe und Zuwendung braucht.

Fabians Mutter geht mit dieser schwierigen Situation sehr souverän um. Sie sagt den beiden anderen Kindern offen, dass sie mit ihrer Behauptung, Fabian werde bevorzugt, Recht haben und dass dies nicht gerecht sei. Eine Offenheit, die schon entwaffnend ist, aber auch beweist, wie gut die Basis zwischen der Mutter und ihren Kindern ist: Sie gehen ehrlich miteinander um.

Offen und fair miteinander umgehen

Darüber hinaus zeigt Fabians Mutter aber auch noch eine besondere Form von Gerechtigkeit: Sie verspricht beiden Kindern, dass sie sich genauso um sie kümmern wird wie jetzt um Fabian, wenn es ihnen einmal schlecht gehen sollte. Ein Versprechen, auf das sie sich garantiert verlassen können.

Dass Martina wegen des Stubenarrests in Zukunft nicht mehr lügen wird, kann man getrost ausschließen. Eher wird es so kommen, dass die Strafe Martina verbittert. Sie fühlt sich ungerecht behandelt (siehe Seite 122ff. Kapitel »Bestrafen – muss das sein?«). Aus ihrer Sicht ist so eine Lüge nichts im Gegensatz zu einer Woche Stubenarrest und dem Verbot, mit ihrer besten Freundin in die Stadt zu gehen. Dass Martina möglicherweise wegen des Schuleschwänzens das Jahr nicht schafft und wiederholen muss, spielt für sie in diesem Zusammenhang nur eine untergeordnete Rolle.

Genau hier wäre jedoch der Punkt, an dem Martinas Mutter ansetzen sollte, nämlich anstatt sie zu bestrafen, mit ihrer Tochter über die Konsequenzen zu sprechen, beispielsweise die Wiederholung des Schuljahres. Reden sollte sie mit ihrer Tochter aber auch darüber, warum diese ihr nicht helfen will. Unverständlich ist es sicherlich nicht, wenn eine Zwölfjährige lieber mit der Freundin bummeln geht, anstatt im Haushalt zu helfen.

8 Dankbarkeit und Demut

✔ **Zwei kleine Alltagsgeschichten:** Es ist Heiligabend. Die kleine Nathalie (4) wartet, zusammen mit ihrer Oma, in ihrem Zimmer ganz gespannt darauf, dass das Christkind endlich kommt. Die Großmutter liest ihr interessante Geschichten vor, damit die Zeit bis zur Bescherung schneller vergeht. Schließlich ruft die Mama: »Nathalie, Oma, kommt herunter!« Während Großmutter und Enkelin die Treppe hinuntergehen, spielt die Mutter »Stille Nacht, heilige Nacht« auf dem Klavier und alle singen dazu. Nathalie kann es kaum erwarten, bis sie endlich die Geschenke auspacken darf. Der Gabentisch biegt sich schon, so viele weihnachtlich verpackte Schachteln liegen darauf.

Nach dem Musizieren führt die Mutter das Mädchen zu einer Ecke des Tisches und sagt: »Hier, mein Liebling, das ist alles für dich, das hat dir das Christkind gebracht, weil es dich so lieb hat.« Nathalies Augen leuchten und das Mädchen beginnt, nacheinander jedes der Pakete zu öffnen. Immer schneller reißt es die Geschenke auf, es will rasch wissen, was drin ist: Da kommt beispielsweise eine große Schachtel mit Legobausteinen zum Vorschein, eine Babypuppe, die echte Tränen weinen kann, ein kleiner Schminkkoffer, ein Haarspangenset mit knallbunten Zopfgummis und vieles mehr. Als Nathalie alles ausgepackt hat, sagt sie auf einmal in resignierendem Ton: »Mama, ich glaube, das Christkind hat mich doch nicht lieb. Ich hab mir so sehr ein Puppenbett gewünscht, aber das ist nicht dabei. Jetzt will ich die anderen Sachen auch nicht haben!« Die Mutter ist sehr enttäuscht über die Reaktion ihrer Tochter, denn sie hat sich mit den Geschenken viel Mühe gegeben. »Bedanke dich doch wenigstens beim Christkind für die tollen Sachen, die du bekommen hast«, sagt sie, »denn es hat bestimmt lange ausgesucht, bis es all die schönen Dinge für dich gefunden hat«. »Danke«, sagt Nathalie pflichtbewusst und zieht dabei eine mürrische Schnute.

✔ Julia ist heute fünf Jahre alt geworden. Sie darf nur eine kleine Feier mit ihrer besten Freundin Marina (6) veranstalten, denn ihre Eltern – der Papa ist im Moment arbeitslos – haben extrem wenig Geld. Es reicht so grade mal zum Leben. Von Mama und Papa hat Julia eine neue Hose bekommen, die sie sofort anzieht und auf die sie auch sehr stolz ist. Als nachmittags endlich ihre Freundin Anna vor der Türe steht, hat auch sie ein Geschenk für Julia dabei. Julia möchte es aber nicht gleich auspacken, sondern sie will sich die Überraschung noch eine Weile aufheben. Nachdem die beiden Mädchen ein Stück Sandkuchen gegessen und eine Tasse Kakao getrunken haben, setzen sie sich gemütlich aufs Sofa. Julia zelebriert nun das Auspacken des Geschenks regelrecht als Zeremonie. In dem kleinen Paket findet sie ein Packung Buntstifte und Knetmasse. Julia ist ganz aus dem Häuschen und hat sofort viele Ideen, was sie mit den Stiften und dem Knetgummi machen kann: Sie flüstert Marina ins Ohr, dass sie damit für Mama zu Weihnachten ein Bild malen möchte. Außerdem will sie für ihre beiden Kettchen und die Haarspange eine Schale aus Knetmasse formen.

Als sich Marina am späten Nachmittag wieder verabschiedet, bedankt sich Julia überschwänglich für das wunderschöne Mitbringsel. Und abends, während des Zubettgehens, gesteht Julia ihrer Mutter: »Mama, das war der schönste Geburtstag bisher, weil ich so wundervolle Geschenke bekommen habe.«

So zeigt sich das Problem:
Wenn ein Kind einigermaßen zu Respekt und Höflichkeit erzogen wird (siehe Tugendpaar Nr. 6, Seite 96ff.), dann lernt es sicher auch, »danke« zu sagen. Ist das Zauberwort einmal ausgesprochen, zum Beispiel, wenn ein Kind etwas geschenkt bekommt, geben sich die Erwachsenen damit meist zufrieden, das Thema ist dann abgehakt. Aber handelt es sich hierbei um wahre Dankbarkeit? Ist das ein

✔ Dankbarkeit und Demut: So profitiert Ihr Kind

»Dankbarkeit ist nicht nur die größte aller Tugenden, sondern die Mutter von allen«, sagte einst schon Cicero. Psychologen haben festgestellt, dass Dankbarkeit und Demut enorm schützende und stabilisierende Funktionen haben, dass sie eine wichtige Quelle für das seelische Gleichgewicht eines Menschen darstellen. Wer über die Fähigkeit der Dankbarkeit und Demut verfügt, ist in der Lage, seinen Blick im Leben auf das Gute zu richten, anstatt seine Aufmerksamkeit ständig auf die Schattenseiten zu lenken – auf Ärgernisse, Fehlschläge, Stress und Sorgen. Dankbar kann man für ganz viel sein: für Geschenke, für beruflichen Erfolg, für Hilfe durch andere, für Freundlichkeit, Herzlichkeit, aber auch für die Schönheit der Natur, für die eigene Gesundheit und das Wohlergehen, für die Liebe seines Partners sowie seiner Kinder und die Zuneigung von guten Freunden. Je früher Ihr Kind lernt, diese Fähigkeit zu entfalten, je intensiver Sie mit ihm trainieren, diese Kraft zu entwickeln (siehe unten), desto leichter wird ihm das Leben fallen. Das tief empfundene Gefühl der Dankbarkeit wird Ihrem Kind möglicherweise einmal helfen, dass es mit den unvermeidlichen Nackenschlägen des Schicksals umgehen kann. Enttäuschungen werden ihm zwar nicht erspart bleiben, aber diese Tugenden können sie ihm erleichtern, denn sie reduzieren die negative Energie der Fehlschläge und schützen vor Verbitterung. Dankbare Menschen sind nachweislich zufriedener, glücklicher und sozial engagierter als Personen, die nur mit der düsteren Brille des Zorns, der Ablehnung und der Lieblosigkeit durchs Leben gehen. Dankbarkeit und Demut sind Tugenden, die immer mehr Stärke nach sich ziehen und die Habenseite Ihres Glückskontos auffüllen, die auch vermehrt Lebenskraft spenden. Wer Dankbarkeit zu spüren vermag und Demut als tief empfundene Hingabe an die Welt, die Natur, die Schöpfung, der kann auch Liebe geben und nehmen. Denn all diese Emotionen sind eng miteinander verknüpft, sie bilden ein ungeheuer großes Gefühlsnetzwerk, in dem sich viel positive Energie entfalten kann.

»Danke«, das wirklich von Herzen kommt, das auch von echtem Gefühl begleitet ist, so wie es eigentlich sein sollte? In den meisten Fällen ist dieses »Danke« leider nur eine leere Floskel, die man eben so sagt, weil es sich gehört, weil es höflich ist. Ein gut erzogenes Kind weiß dieses Wörtchen im rechten Moment einzusetzen, es gibt sich »dankbar«, wenn es etwas geschenkt bekommt oder wenn ihm jemand einen Gefallen erweist.

Die kleine Nathalie aus unserer ersten Geschichte allerdings lässt sich trotz der vielen Geschenke, die sie zu Weihnachten bekommen hat, nur mit Mühe auf diese kleine Floskel, das Wörtchen »danke«, ein. Sie hat nicht das ersehnte Geschenk erhalten und denkt deshalb sogar, man habe sie nicht lieb. Das Gefühl der Dankbarkeit ist jedoch eine tiefe Empfindung, zu der Nathalie nicht in der Lage ist. Ihr »Danke« ist nur eine oberflächliche Aussage. Ihr Wunsch nach einem Puppenbett wurde nicht erfüllt, und daher sind auch die anderen Geschenke in ihren Augen nichts wert. Das kleine Mädchen ist viel zu verwöhnt, als dass es honorieren könnte, was man ihm gibt. Ganz anders hingegen reagiert Julia auf das bescheidene Geschenk, das sie von ihrer Freundin Marina zum Geburtstag bekommt. Sie empfindet große Freude darüber, die tief aus ihrem Herzen kommt, weil sie aufgrund der bescheidenen Verhältnisse, in denen ihre Eltern leben, nicht mit Gaben überhäuft wird.

Dankbarkeit – eine seltene Tugend

Leider lernen Kinder heute immer weniger, Dankbarkeit zu entwickeln. Das fällt in unserer materialistischen, auf Oberflächlichkeit ausgerichteten Welt auch wirklich schwer. Hier könnten Eltern mit ihrer Erziehung jedoch gegensteuern, sie sollten gegen die Trends der Zeit ankämpfen und die Tugenden der Dankbarkeit und Demut pflegen und kultivieren. Die meisten Kinder leben nun mal im Überfluss, es ist nahezu alles verfügbar, fast jeder Wunsch kann ihnen rasch erfüllt werden.

Wie soll ein Kind das Gefühl des Wertes (zum Beispiel eines Geschenks) und der Wertschätzung erlernen, wenn ohnehin alles vorhanden ist, wenn nichts eine tiefere Bedeutung hat, wenn es die Dinge nur oberflächlich wahrnimmt, ihnen aber

✔ So lernt ihr Kind, dankbar zu sein

- **Positiv denken:** Think pink – die wichtigste Regel! Lehren Sie Ihr Kind, das Positive zu sehen, nicht das Negative. Üben Sie Optimismus mit ihm, in den kleinen wie auch in den großen Belangen des Alltags. Das geht ganz einfach: Erfreuen Sie sich gemeinsam mit ihm an den schönen Seiten des Lebens. Und wenn einmal Pannen und Missgeschicke passieren, dann bleiben Sie gelassen, sorgen Sie sich nicht zu lange darum und nehmen Sie eine Haltung ein, die zeigt: »Es ist nicht so schlimm, alles wird wieder gut.«
- **Aufmerksam sein:** Dankbarkeit erfordert Aufmerksamkeit. Gehen Sie gemeinsam mit Ihrem Kind offenen Blickes durch die Welt, zeigen und erklären Sie ihm viel, vermitteln Sie ihm die Fähigkeit der Wertschätzung. Dafür gibt es zahlreiche Möglichkeiten im Alltag: Schenken Sie auch den kleinen Dingen Ihre Aufmerksamkeit, etwa dass die Nachbarin über den Zaun winkt, dass der Hund Sie begrüßt, dass gerade Ihr Lieblingslied oder das Ihres Kindes im Radio läuft.
- **Geschenke:** Sie sind natürlich auch ein Ausdruck von Dankbarkeit. Achten Sie hier auf das Motto »weniger ist mehr«. Eine Kleinigkeit, mit Herzblut geschenkt, macht meist mehr Freude als eine teure Gabe. Schenken Sie Ihrem Kind nicht zu viel, und vor allem nichts, was es ohnehin schon im Überfluss hat. Es darf ruhig auch einmal Sehnsucht nach etwas Besonderen haben, damit es lernt, Kraft und Zeit zu investieren, bis ein Herzenswunsch in Erfüllung geht. Wünsche, die sich nicht so ohne weiteres erfüllen, wird Ihr Kind viel mehr wertschätzen, wenn sie dann doch eines Tages Realität werden. So entwickelt es Gefühle der Dankbarkeit. Aber das Wichtigste, das Sie Ihrem Kind schenken können – und zwar tagtäglich –, sind immer noch Liebe, Fürsorge, Aufmerksamkeit und Zuwendung.

keine besondere Aufmerksamkeit zollt?

Warten können, auf etwas hinfiebern, sich nach etwas sehnen und darauf hinarbeiten, dass ein lang gehegter Wunsch endlich in Erfüllung geht, das gibt es heute immer seltener.

Und wir müssen zugeben: Wir Erwachsenen leben das unseren Kindern leider vor, auch wir schwimmen auf der Welle des Konsums, auch wir warten nicht lange, bis wir uns einen Wunsch erfüllen. Oder kennen Sie das Gefühl echter Dankbarkeit, diese Herzensempfindung, die ganz tief in der Seele ruht? Sie muss auf jeden Fall gekoppelt sein an das Bewusstsein, dass etwas wertvoll ist. Es geht hier nicht nur um das »Danke-Sagen« für ein schönes Schmuckstück oder ein neues Kleid, sondern es geht um viel, viel mehr.

Das sollten Sie ändern: Natürlich dürfen Sie von Ihrem Kind nicht erwarten, dass es so ohne weiteres den »tiefen Blick« für die wirklich wertvollen Dinge des Lebens bekommt und nicht nur alles oberflächlich sieht. Aber Sie können das Gefühl echter Dankbarkeit im Alltag mit ihm trainieren, zum Beispiel indem Sie ihm die Schönheit der Natur erklären, mit ihm durch den Garten streifen und die Blumen betrachten, einen Sonnenuntergang zusammen genießen oder ihm erklären, wie die Saat aufgeht und wie aus dem kleinen Samenkorn zunächst ein Pflänzchen entsteht, das später dann zu einem großen Baum heranwächst. Sie können die Freude am Leben mit Ihrem Kind intensiv teilen. Zeigen Sie ihm, wie schön es ist, gemeinsam ein gutes Essen zu genießen, unternehmen Sie mit ihm einen Spaziergang durch den Wald, einen Besuch im Zoo. Lassen Sie Ihr Kind Ihre eigene Freude an den »kleinen Dingen« des Lebens sowie Ihre Dankbarkeit und Demut spüren, dann wird es diese Empfindungen auch selbst entwickeln.

Kinder sind ausgesprochen empfänglich für die Atmosphäre in ihrer Umgebung, sie nehmen die emotionalen Schwingungen sehr genau auf. So haben sie auch feine Antennen für ein Miteinander voller Liebe, Fürsorge, Freude und Dankbarkeit. Erklären Sie Ihrem Kind vor allem auch den Unterschied zwischen »echter« Dankbarkeit und einem förmlichen »Danke«, das nur aus Höflichkeit ausgesprochen wird. Lassen Sie Ihr Kind an Ihrem eigenen Leben teilhaben und schildern Sie ihm – wenn es alt genug dazu ist – Situationen, in denen Sie selbst tiefe Dankbarkeit empfunden haben, vielleicht als Sie einmal in einer Notlage waren und Ihnen jemand zu Hilfe kam oder als Sie dank der guten Betreuung eines lieben Menschen von einer Krankheit genesen sind.

Glaube und Hoffnung

✔ **Zwei kleine Alltagsgeschichten:** Der fünf Jahre alte Severin spricht jeden Abend vor dem Schlafengehen zusammen mit seiner Mutter ein kleines Gebet. Eines Abends, nach dem Beten, als die Mutter dem Jungen einen Gutenachtkuss auf die Stirn gedrückt hat und aus dem Zimmer gehen will, sagt er: »Mama, weißt du, du musst um mich keine Angst haben.« Verwundert bleibt die Mutter stehen: »Warum? Was ist denn passiert?«, fragt sie. Es beschleicht sie die leise Ahnung, dass ihr Sohn, der für sein überschäumendes Temperament in Kindergarten und Nachbarschaft gut bekannt ist, etwas zu beichten hat. »Eigentlich gar nichts«, sagt Severin, »aber vielleicht machst du dir ja nachts Sorgen.« »Wieso sollte ich mir denn in der Nacht Sorgen machen?«, fragt die Mutter, die neugierig darauf geworden ist, was Severin wohl noch zu erzählen hat. »Na ja, wenn ich hier allein in meinem Bett liege und du nicht da bist, dann brauchst du dir keine Sorgen zu machen, mir passiert schon nichts.«

Die Mutter lächelt. »Aber was sollte dir denn passieren?«, fragt sie leicht verwundert. »Vielleicht kommen wilde Räuber, so wie neulich, und wollen mich entführen«, meint Severin jetzt in ernstem Ton. »Wilde Räuber wollten dich entführen? Das hast du gar nicht erzählt.« »Ich hatte es schon wieder vergessen, aber dann hat er mir gesagt, dass ich es dir erzählen soll.« »Wer ist denn ›er‹?«

Die Mutter muss zu ihrer eigenen Überraschung feststellen,

dass ihr Fünfjähriger es geschafft hat, sie so richtig auf die Folter zu spannen. »Robbie natürlich«, sagt Severin in einem Ton, als müsste seine Mutter es doch wissen. »Wer ist denn Robbie?«, fragt sie und versucht, sich in Erinnerung zu rufen, was ihr Sohn in letzter Zeit im Fernsehen angeschaut hat. »Ach Mama, Robbie ist doch mein Schutzengel«, antwortet der Bub geduldig. »Du hast einen Schutzengel?«, fragt seine Mutter verblüfft. »Ja, jeder Mensch hat einen Schutzengel«, belehrt Severin sie. »Ach so!«, begreift die Mama endlich: »Und der Schutzengel hat die Räuber vertrieben?« »Ja, ganz allein, mit seinem langen Feuerschwert. Das ging nur so zack-zack-zack, schon waren alle weg.« »Ja, und wo ist dein Schutzengel jetzt?« »Hier, er sitzt da auf dem Bett und passt auf. Kannst du ihn nicht sehen?« »Nein, ehrlich gesagt nicht.« »Ach, wie schade. Man kann ihn auch nur sehen, wenn man ganz fest an ihn glaubt.«

»Na, da bin ich ja beruhigt, wenn du gut beschützt wirst«, sagt die Mutter. »Siehst du, ich wusste doch, dass du dir Sorgen gemacht hast«, entgegnet der Fünfjährige. »Schlaf schön, gute Nacht«, flüstert die Mama in liebevollem Ton. Sie geht aus dem Zimmer und lehnt, wie immer, die Tür nur an. Gleich darauf hört sie ihren Sohn wispern: »Du musst dir nichts dabei denken. Hauptsache, ich glaube an dich. Das ist doch das Wichtigste, gell?«

✔ Der 16-Jährige Christoph hat auch in der zweiten Matheklausur eine Fünf geschrieben. Damit sind die Aussichten, versetzt zu werden, ziemlich gering, da er auch in Französisch auf der Kippe steht. In diesem Fach muss er nächste Woche eine Klausur schreiben und mindestens eine Drei schaffen, um im Jahreszeugnis auf eine Vier zu kommen und so die Versetzung noch zu schaffen. Abends hat er deshalb mit seinem Vater ein Gespräch. »Wie es aussieht, bleibst du dieses Jahr dann wohl sitzen. Jetzt hast du schon die zweite Fünf in Mathe geschrieben. Dabei war das doch mal dein Paradefach«, eröffnet der Vater die Unterredung. »Ich

✔ Glaube und Hoffnung: So profitiert Ihr Kind

Glaube und Hoffung sind die wichtigsten Säulen der Religion. Ein bestimmter Glaube kann für jeden Menschen sehr heilsam sein, weil er hilft, Antworten auf existenzielle Fragen zu finden. Zu diesen gehört etwa die Frage nach dem Sinn des Lebens und was nach dem Tod passiert. Man kann Religion also auch als Rückbesinnung oder Beschäftigung mit dem eigenen Dasein, seinem eigenen Schicksal begreifen. Mit diesen Themen beschäftigen sich schon kleine Kinder, etwa wenn sie fragen: »Papa, wo ist Gott?« oder »Mama, was sind Engel?«
Für Kinder sehr wichtig sind die mit dem Glauben verbundenen Rituale wie das Abendgebet. Jeden Abend vor dem Schlafengehen mit Mama oder Papa ein Gebet zu sprechen ist für sie ein schönes Ritual. Viele Kinder bestehen sogar darauf, dass sie immer dieselben Worte oder Verse beten. Sie werden zu einer Handlung, die ihnen Sicherheit und Geborgenheit schenkt, weil sie dem Leben Struktur und Übersicht verleiht.
Zum Glauben gehört auch die Hoffnung, die Überzeugung, dass ein Wunsch in Erfüllung gehen wird. Hoffnung hat viel mit Optimismus zu tun, mit der Vermutung, dass sich das Positive am Ende durchsetzen wird. Ein Mensch, der Glaube und Hoffnung hat, bejaht das Leben, er sieht seine Zukunft immer positiv und kann auf diesem festen Fundament tatkräftig und selbstbewusst durchs Leben gehen.

weiß auch nicht, was da schief gelaufen ist«, verteidigt sich Christoph. »Ich hatte gelernt und eigentlich konnte ich den Stoff auch.« »Da hast du dich wohl etwas falsch eingeschätzt«, schnaubt der Vater. Er wird ziemlich sauer bei der Vorstellung, Christoph könnte sitzen bleiben. Wenn der Älteste ein Versager ist, wirft das ein schlechtes Bild auf die Familie.

Christophs Vater hatte früher zwar selbst Schwierigkeiten in der Schule und sollte für seinen Sohn eigentlich etwas mehr Verständnis aufbringen, aber daran erinnert er sich jetzt lieber nicht. Das war etwas anderes ... damals. »Und was gedenkst du, jetzt zu tun?«, fragt der Papa weiter. »Na, die Hoffnung nicht aufgeben«, kontert der Sohn und grinst unsicher. Er weiß selbst nicht genau, wie diese Antwort wohl bei seinem Vater ankommen wird. Für diesen ist das wahrscheinlich eine Provokation. Er macht sich immer große Sorgen um das Ansehen seiner Familie. Ihm ist klar, dass Christoph sitzen bleiben wird, aber sein Sohn geht damit so leichtfertig um, als wären die Befürchtungen des Vaters nichts wert.

Christophs Vater flüchtet sich in Ironie: »Klingt nach einem überzeugenden Konzept, mein Sohn«, meint er kühl. »Ich glaube, so wirst du es ganz gewiss schaffen.« Jetzt mischt sich die Mutter in das Gespräch ein. »Ach Hans, sei doch nicht so. Der Junge hat alles versucht und er hat noch eine Chance. Vielleicht klappt es ja. Ich finde auch, dass wir die Hoffnung nicht aufgeben sollten.« »Jetzt red du ihm auch noch gut zu«, sagt der Vater und steht auf. »Und wenn er es diesmal nicht schafft, dann klappt's eben im nächsten Jahr«, hört er sie noch in beschwichtigendem Ton sagen, während er aus dem Wohnzimmer geht. »Prima«, denkt er, »das kann ja was werden...«

Zwei Wochen später kommt Christoph freudestrahlend von der Schule nach Hause. »Eine glatte Drei in Französisch«, jubelt er, »ich hab's geschafft!« Sein Vater schlägt ihm anerkennend auf die Schulter. »Toll, dass du das hinbekommen hast«, freut er sich. Und auch wenn es ihm ein wenig schwer fällt, fügt er hinzu: »Du hattest Recht, man soll die Hoffnung nicht aufgeben.« »Klar, Paps, aber dafür hab ich auch jeden Tag gelernt, bis mir die Augen zugefallen sind.«

So zeigt sich das Problem: Etwas hoffen heißt, fest daran zu glauben, ein Ereignis in der Zukunft werde so eintreten, wie man es sich wünscht – auch wenn man sich nicht sicher sein kann. Christoph aus unserer zweiten Fallgeschichte hat die Hoffnung nicht aufgegeben und ist dafür am Ende belohnt worden, aber auch nur deshalb, weil er fleißig gelernt hat. Eine gute Zensur in Französisch und die Versetzung in die nächste Klasse sind somit gesichert. Sein Vater hatte die Hoffnung aufgegeben, angesichts der

✔ So lernt Ihr Kind Glaube und Hoffnung

- **Sich mit dem Glauben auseinandersetzen:** Es ist wirklich schwierig, etwas zu erklären, was man mit seinen fünf Sinnen nicht erfassen kann. Was ist Glaube? Wo wohnt Gott? Wieso hat jeder Mensch einen Schutzengel? Je älter die Kinder werden, desto mehr setzen sie sich mit dem Glauben auseinander. Wenn Ihr Kind solche Fragen stellt, sollten Sie ihm Antworten geben, die es auch verstehen kann. Für ein vierjähriges Kind ist es völlig in Ordnung, wenn Sie ihm sagen, dass Gott im Himmel – »da oben, über den Wolken« – wohnt oder dass »Engel Flügel haben, damit sie fliegen können«. Viele Eltern machen bei ihren älteren Kindern häufig jedoch gerne einen Bogen um dieses Thema. Vielleicht aus einem schlechten Gewissen heraus, weil sie viel zu lange nicht mehr in der Kirche waren. Gehen Sie dem Thema jedoch nicht aus dem Weg. Stehen Sie dazu, wenn Sie nicht an Gott glauben, aber verpacken Sie das immer in eine »Ich-Botschaft«: »Ich glaube nicht an Gott«. Oder: »Ich finde, das muss jeder für sich selbst entscheiden.« Verzichten Sie auf Verallgemeinerungen wie »wer glaubt denn heute noch an Gott?« Mit den Ich-Botschaften zeigen Sie Ihrem Kind, dass der Glaube eine sehr persönliche Angelegenheit ist, über die niemand urteilen sollte.
- **Aufrichtig sein:** Religion wirkt schnell leer, wenn der Pfarrer von Achtung vor den Menschen spricht, sie gegenüber Kindern aber nicht an den Tag legt. Oder wenn Eltern zwar auf die Einhaltung der christlichen Feiertage bestehen, ihre Kinder in die Kommunion oder zur Konfirmation schicken und auch zum täglichen Beten anhalten, sich selbst aber nur an ganz wenige der zehn Gebote halten. Leben Sie das, wozu Sie sich bekennen, auch wirklich! Nur so kann sich Ihr Kind an Ihnen orientieren und selbst einmal eine feste Überzeugung herausbilden.
- **Optimismus ausstrahlen:** Hoffnung hat viel mit Optimismus, mit einer positiven Lebenseinstellung zu tun. Muntern Sie Ihr Kind bei einem kleinen Malheur, etwa einem aufgeschlagenen Knie, auf: »Ach, das ist zum Glück nicht so schlimm. Mama pustet jetzt auf dein wehes Knie und dann wird gleich alles wieder gut.« Nehmen Sie sich ein bisschen Zeit, wenn Ihr Kind Kummer hat und teilen Sie seinen Schmerz. Erklären Sie ihm, wenn es sich etwas beruhigt hat, dass alles wieder gut wird.

»nackten Tatsachen«, die darauf hindeuteten, dass sein Sohn scheitern würde. Er hatte bereits resigniert, obwohl es noch eine Chance gab. Optimistisch in die Zukunft zu blicken und nicht alles »schwarz« zu sehen, bevor es vorbei ist, lohnt sich in jedem Fall.

»Die Hoffnung«, sagt ein Sprichwort, »stirbt zuletzt«. Denn solange es noch eine Möglichkeit gibt, sich eine kleine Chance bietet, irgendwo am Ende des Tunnels doch noch einen Lichtschein zu entdecken, sollte man weitermachen. Aufgeben darf man erst, wenn man sein Ziel wirklich nicht erreicht hat. Hoffnung haben heißt aber auch, selbstbewusst zu sein, sich selbst gut einschätzen zu können und in der Lage zu sein, gegen Widerstände anzukämpfen. Viele Kinder geben jedoch zu schnell auf. Sie sollten sich aber besser weiter engagieren, sich ihrer Stärken und Fähigkeiten bewusst werden und diese richtig einsetzen.

Etwas glauben heißt, dass etwas so ist, wie man es sich vorstellt – ohne es jedoch zu wissen. Glaube und Hoffnung hängen eng miteinander zusammen, beide Tugenden ermöglichen es den Kindern wie auch uns Erwachsenen, sogar dort noch sicher zu stehen, wo auf Wissen und Lebenserfahrung kein Verlass ist, weil das logische, wissenschaftlich fundierte Verständnis fehlt.

Universeller Glaube

Jeder Mensch glaubt. Zwar glauben nicht alle an dasselbe, aber alle Menschen verbindet dieses Bedürfnis, sich sicher zu sein, ohne es erklären zu können. Im Glauben wollen wir uns die Welt nach unserem eigenen Bild vorstellen. Wie wichtig das gerade für Ihr Kind ist, sehen Sie als Eltern jeden Tag. Beispielsweise wenn Sie sich mit Ihrem Kind über »Gott und die Welt« unterhalten, wenn Sie darüber erstaunt sind, wie es die Dinge sieht. Haben Sie es nicht auch schon vielfach erlebt, dass Ihr Kind für alles eine Erklärung zu finden versucht und dabei manchmal mit den erstaunlichsten Erkenntnissen aufwartet? Sie als Mutter oder Vater sollten Ihren Nachwuchs dabei nicht bremsen, sondern ihn in seinem

Glauben, in seiner ganz persönlichen Vorstellung von den Dingen in dieser Welt unterstützen. Denn für Kinder ist dies eine ungeheure Kraftquelle, die sie jeden Tag aufs Neue brauchen.

Das sollten Sie ändern: Soll ich mein Kind religiös erziehen? Diese Frage stellen sich sehr viele Eltern früher oder später. Kinder kann man jedoch nur dann religiös erziehen, wenn man es selbst auch ist. Ansonsten fehlt die wichtige Vorbildfunktion der Eltern, die Glaubwürdigkeit, die eine grundlegende Voraussetzung dafür ist, einem Kind den Glauben nahe zu bringen. Sind die Eltern nicht religiös, versuchen dies aber ihrem Kind zuliebe zu sein, wird es dies ziemlich schnell merken und dann natürlich selbst das Interesse am Glauben verlieren. So lernt es durch das Vorbild der Eltern nur, dass Religion eine geheuchelte Angelegenheit ist, von der man besser die Finger lässt.

Wenn Ihr Kind sich jedoch für den Glauben interessiert, sollten Sie ihm auf keinen Fall Steine in den Weg legen, ihm aber auch deutlich sagen, welche Position Sie selbst einnehmen. Sie können ja trotzdem über Religion diskutieren und sich gemeinsam darüber Gedanken machen, ob und in welcher Form es Gott gibt und warum wir so viele Glaubensrichtungen auf der Welt haben ... Ihr Kind lernt dabei, dass auch Sie, die Eltern, Toleranz üben, an allem Interesse zeigen und sich auch mit Dingen auseinandersetzen, von denen Sie selbst nicht unbedingt überzeugt sind.

Bestrafen: Muss das sein?

Was bewirken Strafen?

»Wer nicht hören will, muss fühlen«, lautete einst das Motto vieler Eltern. Autoritäre Erziehung war früher in fast allen Familien angesagt. Und wie ist das heute? Vielleicht ist ja auch Ihnen sogar schon einmal »die Hand ausgerutscht«, weil Ihr Kind Sie immerzu geärgert hat und Sie so lange dabei zugesehen haben, bis Sie nicht mehr konnten ... und »es« eben passiert ist. Sie haben auch sofort ein schlechtes Gewissen bekommen, Sie haben Ihre strenge Maßnahme im gleichen Moment schon bereut, denn eigentlich halten Sie gar nichts von einem solchen Erziehungsstil. Wenn es sich bei der Ohrfeige oder bei einem anderen tätlichen Angriff wirklich nur um einen Ausrutscher handelt, dann spürt Ihr Kind das und kann es Ihnen verzeihen. Sie haben Ihrem Kind zwar Schmerzen zugefügt, aber in der Seele tut es Ihnen beiden weh. Sie selbst sind ebenso betroffen wie Ihr Kind. Wenn sich die Wogen nach einer Weile wieder etwas geglättet haben, können und sollten Sie ganz in Ruhe mit Ihrem Kind darüber sprechen und ihm sagen, dass es Ihnen Leid tut. Am besten erklären Sie Ihrem Kind dann auch, was Sie dazu gebracht hat, so unkontrolliert zu reagieren.

Wenn die Nerven blankliegen

Seien Sie aber beruhigt, so wie Ihnen geht es vielen Eltern, auch wenn sie eine Erziehung mit Ohrfeigen oder einem Klaps auf den Po grundsätzlich verachten. Manchmal sind Vater oder Mutter eben so genervt und so aufgebracht, dass sie überreagieren. Damit es jedoch gar nicht erst so weit kommt, dass Sie an die Grenzen Ihrer Belastbarkeit geführt werden und dass Ihr Kind bis zum Äußersten austestet, wie weit es gehen kann, sollten Sie in Ihrer Erziehung rechtzeitig Grenzen setzen. Vermitteln Sie Ihrem Kind auf liebevolle und vor allem konsequente Weise, dass es die Folgen für sein Handeln selbst zu tragen hat, dass es mit dem Älterwer-

Gefährliche Gewaltspirale

Bedenken Sie, dass Kinder, die geschlagen wurden, später einmal, wenn sie selbst Eltern sind, möglicherweise auch mit körperlichen Strafen reagieren. Sie befinden sich dann in einer Gewaltspirale, aus der nur schwer zu entkommen ist. Erstaunlich: Über 80 Prozent der Eltern, die in ihrer Kindheit geschlagen wurden, behaupten, es habe ihnen nicht geschadet. Interessant ist auch, dass die meisten Kinder, die von einem Elternteil misshandelt wurden, diesen auch dann noch lieben und zu ihm stehen. Erst mit dem Eintritt in die Pubertät (siehe Seite 60ff.) kommt es zu einem Wandel, den Kindern wird klar, wie sie behandelt wurden und sie lösen sich langsam von den Eltern ab.

den Verantwortung übernimmt für das, was es tut und seinen Mitmenschen gegenüber freundlich und respektvoll sein sollte. Natürlich ist das alles leichter gesagt als getan.

Im Folgenden erfahren Sie, wie Kinder auf Strafen reagieren und welche Punkte Sie beachten sollten, damit Sie in Ihrer Erziehung ohne drakonische Maßnahmen erfolgreich sind. Sie bekommen in diesem Kapitel jede Menge Alternativen an die Hand, die Ihnen zeigen, wie Ihr Kind auch ohne harte Erziehungsmethoden bestimmte Regeln beachtet.

Fernsehverbot statt Prügel

Schlimme Strafen wie beispielsweise Schläge sind heutzutage vollkommen »out«. Kleinere Strafen, etwa Naschverbot, Fernsehverbot, Fußballverbot und Ähnliches sind gang und gäbe bei den Eltern von heute. Müssen solche Strafen wirklich sein? Oder gibt es vielleicht andere Möglichkeiten? Wie reagieren die Kinder darauf? Nun erfahren Sie erst einmal, was Erziehungsmaßnahmen wie das Verbot sozialer Kontakte, körperliche Strafen und Liebesentzug bei Kindern bewirken und wie Sie es besser machen können.

Verbot sozialer Kontakte

Ihr Kind hat seine Hausaufgaben nicht erledigt und bekommt dafür Hausarrest oder es hat die Oma schlecht behandelt und darf deshalb nicht mit seinem Freund zum Bolzplatz gehen. Stattdessen soll es artig mit der Großmutter Konversation führen und im Haus ausharren. Viele Eltern verwenden diese Erziehungsmaßnahme, um ihr Kind zu mehr Gehorsam zu zwingen. Der Entzug sozialer Kontakte ist ein Fauxpas in der Kindererziehung, also ein schlimmer Fehler, warnen Psychologen und Pädagogen. Denn damit bewirken Sie das Gegenteil von dem, was Sie eigentlich erreichen wollen. Ihr Kind bleibt zu Hause, es wird entweder traurig und depressiv oder noch wütender, zappeliger und rebellischer. Als Eltern müssen Sie sich damit abfinden, dass Ihr Kind Fehler macht, dass ihm Missgeschicke passieren, dass es sich im Ton vergreift oder unartig ist. Wichtig ist, dass es seine Tat bereut, dass es einsieht, was es getan hat und so gut wie möglich versucht, dies in Zukunft zu vermeiden. Durch Hausarrest oder Ähnliches nehmen Sie ihm einen Teil seiner Freiheit weg, sie treiben es in die Isolation.

Halten Sie sich besser an diese Grundregel: Begegnen Sie Ihrem Kind mit Ruhe und Gelassenheit und sagen Sie ihm mit klaren Worten, was Sie von ihm wollen und was Sie nicht gut finden. Leiten Sie es an, die Dinge in Ihrem Sinne zu tun und achten Sie auf die Einhaltung Ihrer Anweisungen. Besonders wichtig ist, dass Sie dabei immer konsequent bleiben (siehe Seite 129ff.)!

Körperliche Strafen

Massive Schläge, aber auch schon eine Ohrfeige oder ein kleiner Klaps sind ein Angriff auf die zarte Kinderseele. Denn viel gravierender als der körperliche Schmerz ist hier die seelische Demütigung. Kinder, die regelmäßig geschlagen werden, fühlen sich hilflos und ausgeliefert. Jede körperliche Strafe ist eine Verletzung der Würde des Kindes. Selbst ein Säugling hat schon viele Bedürfnisse und versucht durch Schreien, diese erfüllt zu bekommen. Er verlangt nach Zärtlichkeit und Zuwendung. Aber nicht immer kann die Mutter seine Wünsche erfüllen. Manchmal braucht sie selbst eine kleine Auszeit oder sie muss andere wichtige Dinge

✔ Die Ohrfeige als letzter Ausweg

Leider sind körperliche Strafen bei manchen Eltern heute immer noch »in«. Andere wiederum lehnen es vollkommen ab, ihr Kind zu züchtigen. Und die dritte Gruppe ist die, welche sehr selten, nur im Notfall, wenn das Kind nicht anders zur Vernunft zu bringen ist, auf härtere Strafen zurückgreift. Tatsächlich gibt es für rund 50 Prozent der Eltern keinen anderen Ausweg als den der körperlichen Strafe. Die Gründe sind oft Überlastung der Eltern, persönliche Krisen und Eheprobleme, starke innere Anspannung oder Hilflosigkeit. Untersuchungen belegen, dass zwischen der moralischen Einstellung vieler Eltern (»Schläge kommen für mich nicht in Frage«) und ihrem tatsächlichen Verhalten im Alltag (»Jetzt ist das Maß aber voll, du bekommst einen Klaps«) ein großer Widerspruch liegt. Bedenken Sie immer: Ihr Kind hat ein Recht auf eine gewaltfreie Erziehung. Das ist inzwischen sogar im Bürgerlichen Gesetzbuch (BGB) verankert!

wie Kochen, Putzen, Einkaufen und vieles mehr erledigen. Das Kind fühlt sich vernachlässigt und verlangt vehement nach Aufmerksamkeit. Schon ist der Konflikt da: Die Mutter fühlt sich überfordert, sie kann ihre Pflichten nicht erfüllen und gleichzeitig ihrem Kind Ruhe, Streicheleinheiten und Zeit schenken. So schlimm es ist – aber Schläge sind sogar schon bei Babys nicht selten.

Kinder, die mit körperlichen Strafen großgezogen werden, fragen sich, warum sie von ihren Eltern nicht geliebt werden. Sie sind in ihrem Gefühlsleben tief verunsichert und können nur schwer Vertrauen fassen zu anderen Menschen. Sie leben stets in der Angst, enttäuscht zu werden, denn diese »Programmierung« haben sie ja bereits als Kind erfahren. Nicht selten werden sie sogar bindungsunfähig, denn das Gefühl, abgelehnt zu werden, ist ganz tief in ihnen verwurzelt.

Kinder brauchen aber dieses Urvertrauen, das Vertrauen in ihr Elternhaus, wo es liebevolle Aufmerksamkeit und Klarheit erfährt. Nur so werden sie später einmal Selbstsicherheit und Optimismus entwickeln können.

Wenden Sie daher nie Gewalt an gegen Ihr Kind! Das brauchen Sie nämlich auch gar nicht. Wie Sie Ihr Kind liebevoll und konsequent erziehen, wie Sie ihm sinnvolle Grenzen aufzeigen, die es auch einhalten wird, lesen Sie auf den Seiten 129ff. (»Immer wichtig: Konsequenz«) und 132ff. (»Grenzen setzen – aber wie?«)

Liebesentzug

Auch das ist eine Methode, die der kindlichen Seele Schaden zufügen kann, denn sie braucht nun mal Liebe, Fürsorge und Zuwendung. Liebe und Vertrauen sind die Basis der Erziehung und äußerst wichtig für die gesunde seelisch-geistige Entwicklung eines Kindes. Wenn es nicht liebevoll behandelt wird, wenn es von ständiger Gefühlskälte umgeben ist und extrem häufig Strafen erfährt, verarmt es emotional. Später, im Erwachsenenalter, hat es dann möglicherweise selbst Probleme damit, andere Menschen lieben zu können und ihnen Zärtlichkeit und Zuwendung zukommen zu lassen. Ein Kind, das geliebt und angenommen wird, fühlt sich geborgen. Es spürt Vertrauen gegenüber seinem Umfeld und vermag seine eigenen Fähigkeiten auszubauen.

Liebe ist auch das Fundament für dauerhafte Bindungen. Die ersten wichtigsten Bezugspersonen eines Babys sind die Eltern. Durch sie erfährt es Zärtlichkeit und Wärme; durch Liebkosen, Streicheln, Kuscheln und Schmusen, durch liebevolles Sprechen und Spielen bekommt es das Gefühl von Sicherheit und Geborgenheit. Ein Kind lernt zuallererst von den Eltern, Liebe zu empfangen und zu geben. Später wendet es sich dann auch anderen Menschen zu, es entwickelt Zuneigung zu bestimmten Personen und geht Beziehungen und Bindungen ein. Bekommt das Kind von Anfang an konstant Liebe, dann stärkt dies sein Selbstbewusstsein und sein Selbstwertgefühl.

Geizen Sie daher nie mit diesem wunderbaren Gefühl, auch dann nicht, wenn Ihr Kind einmal unartig war. Lesen Sie ihm trotzdem die allabendliche Gutenachtgeschichte vor und geben Sie ihm einen Gutenachtkuss. Denn das hat nichts mit dem zu tun, was Ihr Kind angestellt hat und warum Sie mit ihm geschimpft haben. Seien Sie also möglichst nicht nachtragend. Sagen Sie zum Beispiel nie »wenn du eine schlechte Note in der nächsten Mathe-Schulaufgabe nach Hause bringst, dann hab ich dich nicht mehr lieb«.

Sicher versucht Ihr Kind, sein Bestes zu geben. Aber auch wenn es einmal nicht viel gelernt hat, dann dürfen Sie bei einem Misserfolg nicht behaupten, dass Ihre Liebe zu ihm nun weniger geworden sei. Ihr Kind soll sich Ihrer Gefühle immer sicher sein, egal was passiert. Denn durch das Vertrauen auf Ihre gleich bleibende Zuneigung lernt es gleichsam, auch mit negativen Erfahrungen umzugehen und diese besser zu verarbeiten. Das ist sein Rüstzeug für Krisenzeiten, mit dem es später einmal schwierige Anforderungen bewältigen kann. Ein Kind, das in einer liebevollen Familie aufwächst und dort einen liebevollen Umgangston anstatt Strafen oder gar Schläge erfährt, strahlt mehr Sicherheit aus und bejaht das Leben mit all seinen Höhen und Tiefen.

Immer wichtig: Konsequenz

✔ **Eine kleine Alltagsgeschichte:** Die dreijährige Mara baut, zusammen mit ihrer Großmutter, einen Turm aus alten Holzbauklötzen und hat große Freude daran. Da kommt ihr fünfjähriger Bruder Georg vorbei und wirft den Turm um – einfach so. Geduldig bauen Oma und Enkelin das Bauwerk wieder auf. Abermals wird es vom frechen Bruder umgestoßen. Nun beginnt Mara, bitterlich zu weinen, es entsteht ein richtiger Streit zwischen den Geschwistern. Der eine kratzt, die andere beißt. Die Großmutter steht ziemlich hilflos daneben. Als die Mutter dazukommt, schimpft sie: »Hört sofort auf damit! Georg, wenn du nicht augenblicklich den Turm wieder aufbaust, darfst du nachher nicht mit zum Spielplatz gehen!«

Georg lässt sich von dieser Drohung nicht sonderlich beeindrucken und neckt seine kleine Schwester weiter. Jetzt geht die Mama wutentbrannt aus dem Zimmer und knallt die Türe hinter sich zu. Sie erledigt ihre Küchenarbeit. Als es dann so weit ist, zum Spielplatz zu gehen, nimmt sie auch den Größeren mit, als wäre nichts geschehen und als hätte sie nie etwas anderes gesagt oder geplant.

Die angekündigte Maßnahme realisieren

Auch eine solche Reaktion gehört ins Repertoire klassischer Erziehungsfehler: Die Eltern kündigen eine bestimmte Maßnahme an, aber es passiert letztendlich gar nichts. Kinder ziehen aus solcher Inkonsequenz ganz schnell ihren Nutzen. Sie bleiben hartnäckig bei ihrem Fehlverhalten und übergehen die Anweisungen einfach. Sie spüren nämlich unbewusst genau, dass sie die Nerven ihrer Eltern strapazieren und dass es dabei um ein Machtspiel geht. Das Motto hierfür lautet: Wer kann länger durchhalten? Und wenn die Eltern dann schließlich entnervt aufgeben, sind die Kleinen die triumphierenden Sieger!

Eine weitere wichtige Säule der Erziehung ist also die Konsequenz. Was genau heißt das eigentlich? Inkonsequenz bedeutet, Sie handeln heute so, morgen aber ganz anders. Konsequenz heißt, Sie handeln heute so und morgen genauso. Sie als Eltern sollten in ähnlichen Situationen immer gleich reagieren. Dies gelingt nur dann, wenn Sie von Ihrem Tun auch wirklich überzeugt sind. Sie sollten geradlinig entscheiden und Regeln aufstellen, die eingehalten werden können, sowie sinnvolle Anweisungen geben.

Kinder brauchen konsequente Eltern. Und sie benötigen Klarheit und Festigkeit; das ist ihr Rahmen, das gibt ihrem Alltag Struktur. Nur so bekommen sie Halt und das Gefühl, sicher und gut aufgehoben zu sein. Kinder fordern die Konsequenz und Geradlinigkeit ihrer Eltern geradezu heraus; in bestimmten Phasen testen sie immer wieder, wie weit sie gehen können. Dann ist es an Ihnen als Eltern, rechtzeitig Grenzen zu setzen

Drohungen wahr machen

Wenn Sie als Erziehungsmittel mit bestimmten Maßnahmen ständig nur drohen, diese aber dann nicht in die Tat umsetzen oder vielleicht nur manchmal, dann wird Ihr Kind verunsichert, es nimmt Sie nicht ernst und wird Ihnen weiterhin »auf der Nase herumtanzen«. Überlegen Sie sich daher vorher stets sehr genau, womit Sie drohen.

(siehe Seite 132ff.). Die Kinder wollen diese elterliche Autorität spüren, sie brauchen das für ihren späteren Lebensweg. Sind Sie als Eltern nicht konsequent und überlassen Sie Ihre Kinder womöglich völlig sich selbst, dann werden diese extrem verunsichert. Sie vermissen die Orientierung und erleben ihre Eltern nicht als positives Vorbild mit einer starken, in sich gefestigten Persönlichkeit.

Sind Ausnahmen erlaubt?

Liebevolle Konsequenz heißt also die beste Maxime, eine der Alternativen zum Bestrafen. Konsequenz ist die Grundlage, dank derer sich Ihr Kind zu einer liebenswerten, selbstbewussten und verantwortungsbewussten Persönlichkeit entwickelt. Natürlich können Sie auch einmal nachgiebig und nachlässig sein, Sie dürfen und sollen Ihr Kind sogar hie und da nach Herzenslust verwöhnen. Aber heben Sie eine Anweisung möglichst nie auf und machen Sie Drohungen (wenn Sie meinen, so etwas sei unbedingt notwendig) immer wahr. Ihr Kind muss natürlich nicht immer nur der »Sonnenschein« der Familie sein; es kann nicht nur lieb, angepasst und folgsam reagieren, es darf sich auch einmal auflehnen und über die Stränge schlagen. Dies gehört zur kindlichen Entwicklung, zur Beziehung zwischen Eltern und Kindern dazu. Sie müssen deshalb nicht gleich befürchten, dass Sie etwas falsch machen oder gar in Ihrer Erziehung versagen, wenn Sie in seltenen Fällen einmal etwas durchgehen lassen. Aber grundsätzlich gehören Auseinandersetzungen zum Erziehungsalltag, ohne sie geht es gar nicht. Selbst ein heftiger Streit, der den Haussegen schief hängen lässt und die Familienharmonie aus dem Gleichgewicht zu bringen droht, kann mit einer Art Streitkultur geführt werden, die auf dem Fundament von Liebe und Konsequenz ruht. So setzen Sie dies um:

Achten Sie immer genau auf das, was Sie sagen. Sie kennen Ihr Kind ja sehr genau, auch seine möglichen Reaktionen. Planen Sie also vorher schon, wie Sie handeln, falls Ihr Kind Ihrer Aufforderung nicht Folge leistet. Sie müssen Ihre Ankündigungen auch wirklich wahr machen. Im Fall des fünfjährigen Georg aus unserer kleinen Alltagsgeschichte muss die Mutter eben ohne den Störenfried zum Spielplatz gehen, nur mit dem jüngeren Kind. Wenn Sie niemanden im Haus haben, der während Ihrer Abwesenheit auf den Jungen aufpasst, ist das Vorhaben nicht realisierbar. Ein fünfjähriges Kind kann man nun mal nicht alleine zu Hause lassen, auch nicht zur Strafe. Überlegen Sie also gut, welche Maßnahme Sie ergreifen, wenn Ihr Kind nicht folgt, und setzten Sie diese dann auch konsequent in die Tat um. Denn nur dann nimmt es Sie wirklich ernst und versucht das nächste Mal erst gar nicht, sich zu widersetzen. So haben Machtspielchen keine Chance!

Grenzen setzen – aber wie?

✔ **Eine kleine Alltagsgeschichte:** Die zwölfjährige Julia sitzt am Spätnachmittag vor dem Fernseher und sieht sich eine peinlich-kitschige Telenovela an. Da kommt die Mama, Renate R., und fragt: »Julia, hast du eingekauft?« Das Mädchen schiebt einen Kaugummi in Zeitlupentempo im Mund hin und her, es lässt eine riesige grüne Blase vor seinem Mund entstehen und dann zerplatzen. Keine Antwort. »Hallo, ich habe etwas gefragt«, sagt die Mutter etwas lauter. »Was ist«, lautet die gnädige Antwort der Tochter. Renate fühlt, wie allmählich Zorn in ihr aufsteigt: »Die Tomaten, den Schinken, den Käse für die Pizza! Du und dein Bruder, ihr wollt doch heute Abend Pizza essen!«

Wieder zerplatzt unter lautem Knall eine riesige grüne Kaugummiblase vor Julias Gesicht. »Hör auf damit!«, brüllt Renate. »Auf dich ist einfach kein Verlass! Nicht mal die leichtesten Aufgaben kannst du erledigen!« Julia rückt näher an den Fernseher heran, um nur ja alles von der Serie mitzubekommen. Von dem Gebrüll der Mutter scheint sie nichts zu hören. Renate rennt zum TV-Gerät und drückt auf den Aus-Knopf. Julia ist entsetzt und maßlos enttäuscht: »Grade jetzt, wo's so spannend ist!« Unter Tränen rauscht sie aus dem Zimmer und knallt die Türe zu. Von oben ein Ruf des achtjährigen Tom: »Na Mama, gibt's Stress?« Die Mutter: »Ja, sie hat nichts eingekauft! Das müssen wir beide jetzt erledigen, komm, zieh dich an.« »Nee, keine Zeit. Bloß weil die zu faul is – hab keine Lust.« »Gut, dann geh ich eben alleine, aber das nächste Mal ...«

Kinder provozieren gern

Kinder müssen immer wieder austesten, wie weit sie gehen dürfen. Eltern reagieren auf solche Provokationen wie in der obigen Fallgeschichte oft unsicher, hilflos, ohnmächtig und wütend; nicht selten drohen den Kids harte Strafen oder aber die Erwachsenen geben am Schluss nach. So wie Renate R. reagieren vielleicht auch Sie manchmal sehr ärgerlich und haben keine Ahnung, wie Sie die Kinder zur Vernunft bringen können. Viele nehmen ihr schlechtes Benehmen, ihre Frechheiten oder ihre Ignoranz entweder schweigend hin oder sie flippen aus, schreien und toben. Sie vermitteln ihren Kindern dadurch aber das Gefühl, dass sie selbst nicht wissen, was sie tun sollen.

Natürlich ist das genau die falsche Reaktion! Eltern dürfen sehr wohl Schwächen zeigen und selbstverständlich Gefühle haben. Auch emotionale Ausbrüche dürfen mal vorkommen, das macht sie »menschlich«. Schließlich sind sie als Vater oder Mutter nicht unfehlbar. Trotzdem müssen Kinder die Kraft ihrer Eltern spüren; sie sollen im rechten Moment gebremst werden und die Überlegenheit der Erwachsenen merken, die Eltern müssen

✔ So lernt Ihr Kind die Grenzen achten

- **Verschaffen Sie sich Respekt:** Nur wenn Sie als Eltern selbst starke Persönlichkeiten sind, werden Sie von anderen geachtet und beachtet – natürlich auch von Ihren Kindern. Diese Regel gilt ganz besonders für Mütter; Frauen haben nämlich mit der Beachtung durch andere oft größere Schwierigkeiten als Männer. Wenn Sie selbst Ihre Leistungen wertschätzen, wenn Sie stolz auf das sind, was Sie alles bewältigen und wie Sie den Herausforderungen und Aufgaben gewachsen sind, dann wird auch Ihr Kind stolz auf Sie sein und Sie respektieren.
- **Bleiben Sie konsequent:** Ihr Kind muss wissen, dass Sie immer zu Ihrem Wort stehen und es da eigentlich keine Ausnahmen gibt (»Immer wichtig: Konsequenz«, siehe Seite 129ff.). Verhalten Sie sich in ähnlichen Situationen ähnlich. Ihr Kind muss nämlich genau mitbekommen, was es darf und was nicht. Es soll spüren, dass die Regeln von heute auch noch morgen gültig sind. Ihr Kind fühlt sich außerdem sicherer, wenn es die Reaktionen seiner Eltern kennt, wenn es weiß, womit es rechnen muss. Bleiben Sie also stets berechenbar.
- **Motivieren Sie Ihr Kind:** Wenn ein Kind etwas aus freien Stücken tut, ist es immer besser und vor allem für die Eltern leichter, als wenn es mehrmals dazu ermahnt werden muss. Motivieren Sie Ihr Kind also immer wieder und finden Sie Wege, wie es auch ungeliebte Arbeiten freiwillig übernimmt (siehe Seite 137ff., »Besser: motivieren und belohnen«). Eine Motivation, sein Zimmer aufzuräumen, könnte sein, dass der Überblick über die Spiel- und eventuell Schulsachen dann besser ist, dass das Kind mehr Platz in seinen eigenen vier Wänden hat oder dass es von der Oma, die zu Besuch kommt, dafür sehr gelobt wird.

Willensstärke beweisen und sich durchsetzen können. Denn ansonsten »tanzen« die Kinder ihnen »auf der Nase herum«, sie probieren stets aufs Neue aus, wo die Grenzen sind und wollen diese mehr und mehr überschreiten. Auch wenn die Kinder irgendwie fühlen, dass ihnen das nicht gerade gut tut, treiben sie es doch immer wieder auf die Spitze.

So legen Sie Grenzen fest

Treten Sie Ihrem Kind gegenüber selbstsicher und bestimmt auf. Das muss nicht heißen, dass Sie ihm das Gefühl geben, Sie seien über alles erhaben. Mit Selbstsicherheit ist gemeint, dass Sie sich Ihrer Erzieherrolle mit all ihren Pflichten bewusst sind und diese gerne annehmen. Das sollte Ihrem Kind klar sein. Bleiben Sie vor allem gelassen, wenn es Sie provozieren will. Reagieren Sie ruhig, so ist das ein Zeichen von »Ichstärke«. Schon durch Ihr Auftreten, Ihre Körperhaltung, Ihre Worte und Gesten muss Ihr Kind spüren, dass Sie der »Steuermann« sind und dass Sie es sind, der in der Familie die Regeln festsetzt. In Ihrer Erziehung äußern Sie nicht etwa Bitten gegenüber Ihrem Kind, über die man diskutieren könnte.

Nein, Sie haben klare Forderungen, geben klare Anweisungen und stellen klare Aufgaben. Da gibt es nichts zu feilschen oder zu verhandeln. Bringen Sie diese Klarheit und Bestimmtheit auch wirklich zum Ausdruck! Unterbrechen Sie Ihre augenblickliche Tätigkeit, gehen Sie auf direktem Weg zu Ihrem Kind, sprechen Sie es an und blicken Sie ihm dabei in die Augen. Ihre Worte müssen unmissverständlich sein, beispielsweise: »Ich möchte, dass du das jetzt tust!« Versichern Sie sich, dass Ihr Kind die Botschaft verstanden hat, indem Sie fragen: »Hast du mich verstanden?« Fordern Sie dann auch noch eine Antwort ein. Reagiert Ihr Kind trotzig und verweigert es die Antwort oder wird es frech und schimpft herum, dann müssen Sie trotzdem stark bleiben. Manchmal scheint es gar nicht möglich, zu dem Kind durchzudringen. Setzen Sie aber dennoch deutliche Grenzen! Das ist zwar anstrengend, aber langfristig Erfolg versprechend.

Besonders schwer ist es, wenn Ihr Kind in ein Alter kommt, wo es sich den Eltern mehr und mehr entzieht. Das geschieht in der Zeit vor und während der Pubertät. Da kann es für Vater und Mutter so richtig schwierige Momente geben, zum Beispiel wenn der trotzige Teenager mit seiner eigensinnigen Art das gesamte Familiengefüge zu sprengen droht.

Schließlich kann Renate R. ihre zwölfjährige Tochter Julia aus unserer Alltagsgeschichte nicht mit Gewalt in den Supermarkt schleppen. Vielmehr sollte sie der widerspenstigen Tochter klar aufzeigen, dass diese die Grenzen in ganz vielen Punkten überschritten hat: sie war unhöflich, hat den Blick vom Fernseher nicht abgewendet und provozierend Kaugummiblasen zerplatzen lassen, wohl wissend, dass ihre Mutter dies partout nicht ausstehen kann. Sie hat so getan, als würde sie die Mama einfach nicht hören. Zu dem hat sie ihre Pflicht, nämlich das Einkaufen, so wie es abgesprochen war, nicht eingehalten.

Das Mädchen müsste eigentlich an der Reaktion der Mutter ganz klar erkennen und verstehen können, dass es Fehler gemacht hat. Es sollte auch für die Folgen die Verantwortung übernehmen. Renate R., die Mutter in unserer Geschichte, hat nicht konsequent reagiert. Nicht sie, die ohnehin schon viel zu tun hat, sollte zum Einkaufen gehen. Wenn die Tochter sich weigert – das Gleiche gilt natürlich auch für den Sohn – die Zutaten zu holen, dann gibt es eben keine Pizza. Das Mädchen straft sich damit selbst, und das ist eigentlich der beste Lehrmeister. Das nächste Mal wird es sich dann sehr wohl überlegen, ob es nicht doch besser in den Supermarkt geht und die Zutaten holt.

Natürlich gelingt das Setzen von Grenzen nicht immer so leicht. Es ist nämlich recht schwer, die Kids auf den richtigen Weg zu bringen. Manchmal sind die Eltern schier am Verzweifeln in der Auseinandersetzung mit ihren Kindern. Sie als Vater oder Mutter sollten dennoch immer wieder Ihre eigenen Verhaltensmuster überprüfen und nötigenfalls auch ändern. Schließlich sind Sie ein wichtiges Vorbild für Ihr Kind! Aber die Mühe lohnt sich auf jeden Fall. Treten Sie Ihrem Kind gegenüber entschlossen und bestimmt auf, drohen Sie nicht mit Strafen, sondern locken Sie lieber mit Belohnungen.

Als Fundament für Ihre konsequente und gleichsam liebevolle Erziehung dient Ihnen ein hohes Maß an Selbstsicherheit und Selbstachtung. Wenn Sie als Eltern von der Gültigkeit Ihrer eigenen Regeln überzeugt sind, sich innerlich gefestigt und stark fühlen, dann strahlen Sie das auch auf Ihr Umfeld aus. Ihr Kind wird Ihnen sogar dankbar dafür sein. Natürlich fliegen bei einer Auseinandersetzung mal so richtig die Fetzen! Ihr Kind muss merken, dass Sie es ernst meinen und nicht locker lassen. Hinterher jedoch glätten sich die Wogen wieder und Sie sind dabei dennoch konsequent geblieben. Ihr Kind erkennt das an und ist dann vielleicht sogar besonders nett und liebenswert. Und wenn die »Luft wieder rein« ist, folgt nicht selten der Satz: »Ach Mami, ich hab' dich ja soooo lieb!«

Besser: motivieren und belohnen

✔ **Eine kleine Alltagsgeschichte:** Lena ist drei Jahre alt und völlig begeistert vom Malen mit Fingerfarben. Zum Geburtstag bekommt sie von ihrem Onkel Klaus vier weitere Farbtöpfe geschenkt, die sie sogleich ausprobieren möchte. Als die Mama sich mit Klaus ein paar Fotos vom letzten gemeinsamen Familienurlaub ansieht, lässt Lena ihrer künstlerischen Fantasie ungestört freien Lauf, und sie entdeckt dabei, dass einige wenige bunte Farbtupfer die weiße Wand im Wohnzimmer wunderschön verzieren. Das Mädchen lacht aus vollem Herzen und erfreut sich so an ihren Farbkreationen, dass es diese sogleich begeistert der Mama und dem Onkel zeigt. Die Mutter jedoch reagiert mit Entsetzen, sie wird wütend und droht ihrer Tochter mit einer massiven Strafe: »Wenn du das noch einmal machst, darfst du nie mehr malen. Du bekommst keine Stifte und auch keinen Farbkasten mehr!«

Kinder denken und handeln anders

Kinder »funktionieren« in vielen Bereichen eben ganz anders als die Erwachsenen sich das vorstellen. Sie verteilen die Spielsachen im Kinderzimmer und finden es herrlich gemütlich, sie stapeln Bücher und Hefte auf dem Schreibtisch und sind froh, dass sie diese gleich zur Hand haben, sie bemalen Möbel sowie Wände und erfreuen sich daran, sie schmieren Bastelkleber auf den Küchentisch und finden das gar nicht schlimm. Kinder wollen nun mal herumexperimentieren, sie sind von Natur aus kleine Forscher. Sie graben im Garten Löcher und machen Erdhaufen wie ein Maulwurf, sie konstruieren wackelige Baumhäuser, um es sich darin kuschelig einzurichten, oder sie zerlegen Papas Kofferradio, damit sie herausfinden, was drin ist. Und die größeren haben noch weitaus mehr Wünsche: Sie wollen Computer spielen, den Fernseher am Wochenende den ganzen Tag laufen lassen, ein Fotohandy besitzen wie die anderen und am liebsten den ganzen Tag mit ihren Freunden zusammen sein.

Gebremster Forscherdrang?

Das alles ist für Eltern eine Herausforderung. Viele sind überlastet damit, ihre Kinder anzuleiten und ihnen Regeln beizubringen. Sie wollen nicht »streng« wirken, sie nicht einschränken und ihnen möglichst wenig Pflichten auferlegen. Eigentlich geht es doch nur darum, ab und zu das Zimmer aufzuräumen, auf dem Schreibtisch für Ordnung zu sorgen, die Legobausteine in die Kiste zu werfen, die Stifte wieder ins Federmäppchen zu sortieren oder auch die für die Schule bereits frisch gebügelte Hose nicht gleich erneut schmutzig zu machen. Außerdem sollte der Fernseher nur für bestimmte »gute« Sendungen angeschaltet werden, der Computer täglich nur maximal eine Stunde laufen und ein Fotohandy – ach ja, das muss man wirklich nicht unbedingt haben, oder?

Aber leider ist nicht jedes Kind so einsichtig, dass es ganz von selbst seine Wünsche einschränkt oder freiwillig vor dem Buddeln draußen im Garten die alte Trainingshose anzieht.

Wie also bringen Sie Ihrem Kind auf sanfte Weise, ganz ohne Zwang, bei, was gut, gesund und förderlich für seine Entwicklung ist? Bei fast allen Kindern müssen die Eltern irgendwie ei-

✔ Trotzphase: Ruhe bewahren statt bestrafen

Zwischen dem zweiten und vierten Lebensjahr kommt Ihr Kind in die Trotzphase. Da wird es immer wieder so richtig wütend, obwohl der Grund für seine heftigen Gefühle eigentlich gar nicht so gravierend zu sein scheint. Aber gerade in diesem Alter helfen Strafen gar nichts. So gehen Sie als Eltern mit der Trotzphase um:

- **Abwarten:** Lassen Sie den Sturm geduldig vorübergehen. Ihr Kind darf zwar seine Wut haben, diese jedoch nicht an Ihnen auslassen oder womöglich Dinge kaputtmachen.
- **Konsequent bleiben:** Auch während dieser Zeit ist das die wichtigste Regel: Werden Sie nicht schwach, nur um des lieben Friedens willen, geben Sie nicht nach, um Ihre Ruhe zu haben. Das würde Ihr Kind falsch »programmieren«. Es würde dann nämlich merken, dass es nur trotzig genug sein muss, um Sie umzustimmen.
- **Ruhe bewahren:** Keine Angst vor dem Wutausbruch Ihres Kindes! Er würde Ihre Furcht spüren. Gerade in der Öffentlichkeit, wo Ihnen der Terror Ihres Kindes peinlich ist, beispielsweise wenn es im Supermarkt zu schreien beginnt, weil es die kleine Packung Gummibärchen an der Kasse nicht bekommt, sollten Sie gelassen reagieren und nicht nachgeben. Wenn Ihr Kind weiß, dass Sie in solchen Situationen ruhig bleiben, dann reagiert es nicht noch vehementer. Reden Sie in sachlichem Ton mit ihm und lassen Sie es sich austoben.
- **Das Verbot erklären:** Kinder lassen sich oft erstaunlich schnell wieder beruhigen, indem die Eltern ihnen die Hintergründe für ein »Nein« erklären. Vielleicht zeigt Ihr Kind sich einsichtig, wenn es versteht, warum es beispielsweise den Riegel Schokolade vor dem Essen nicht bekommt, mit der Aussicht, dass es diese aber dann nach der Mittagsmahlzeit bekommt.
- **Zuwendung zeigen:** Ist der Wutanfall vorüber, benötigt Ihr Kind Trost und Zuspruch. Es braucht nun die Sicherheit, dass das elterliche Vertrauen weiterhin besteht und die Beziehung nicht in Mitleidenschaft gezogen wurde.

nen Weg finden, dass ungeliebte Arbeiten erledigt oder Vorschriften akzeptiert werden, ohne Trotzreaktionen hervorzurufen, zu streiten oder zu schimpfen. Viele Eltern drohen leider mit Bestrafungen. Das ist jedoch garantiert der falsche Weg! Wenn es wie in unserer kleinen Geschichte heißt: »Wenn du das noch einmal machst, darfst du nie mehr malen!«, nimmt die Mutter dem Kind die Spontaneität und die Freude an seinem künstlerischen Schaffen.

Mit dem Verbot sozialer Kontakte zu bestrafen, ist auch falsch, weil so die soziale Kompetenz der Kinder untergraben würde. Drohungen wie »du darfst deine Freundin nicht besuchen, wenn du dein Zimmer nicht aufräumst« sollten also nicht ausgesprochen werden. Mit solchen Maßnahmen würden Sie Ihrem Kind viel von dem wegnehmen, was für seine Entwicklung, Selbstverwirklichung und Gesundheit wichtig ist.

So motivieren Sie Ihr Kind

Viel besser als Strafen wirken Motivation und Belohnung. Damit erreichen Sie gleich mehrere Dinge auf einmal: Ihr Kind kann sich sehr gut entfalten, es lernt dabei, gewisse Tätigkeiten und Pflichten zu übernehmen und es erfährt etwas Positives, nämlich eine Belohnung. Das Negative, die Strafe, bleibt ihm hiermit erspart. So wird es gut auf sein späteres Leben vorbereitet und positiv geprägt. Das wird ihm helfen, in Kindergarten, Schule, Ausbildung und Beruf ein bestimmtes Ziel anzustreben und auch leichter zu erreichen. Es hat schon im Elternhaus gelernt, Pflichten zu übernehmen.

Motivieren Sie also Ihren Nachwuchs täglich aufs Neue, und erinnern Sie ihn gleichsam an notwendige Pflichten, beispielsweise indem Sie ihm sagen: »Du malst wunderschön, deine Bilder sind ganz toll. Ich möchte gerne, dass du nach dem Malen deine Pinsel und den Wasserbecher reinigst und die Farbkleckse entfernst.« Erklären Sie dazu Ihrem Kind, dass es ihm das nächste Mal viel mehr Spaß machen wird, wieder ein neues Bild anzufertigen, wenn es seine Stifte ordentlich sortiert in der Schachtel vorfindet, wenn die Pinsel sauber sind und es im Farbkasten keine Kleckse vom letzten Malen gibt. Als Belohnung, wenn es diese Regeln beherrscht, gibt es dann irgendwann ein paar neue Farben oder einen besonders schönen Farbkasten, wenn der alte nicht mehr zu gebrauchen ist. Oder Sie stellen ihm in Aussicht, demnächst ganz andere Farben kennen lernen zu dürfen. Eine weitere, schwierigere Maltechnik, beispielsweise mit Aquarell- oder Ölfarben, kann Ihr Kind anspornen und in seinem kreativen Schaffen obendrein unterstützen.

Welcher Elterntyp sind Sie?

Die Forschung hat herausgefunden, dass es drei typische Reaktionsmuster gibt, nach denen Eltern reagieren, wenn ihr Kind frech, trotzig, aufsässig und ungezügelt ist. Sicher finden Sie schnell heraus, zu welcher Gruppe Sie gehören:

✓ **Wütend und aggressiv:** Wenn Ihr Kind etwas Verbotenes tut, wenn es sich Ihren Anweisungen trotzig widersetzt, reagieren Sie sehr leicht wütend und gereizt? Drohen Sie oft mit Strafe? Überlegen Sie, warum Sie so aggressiv werden. Steckt vielleicht ein ganz anderer Grund hinter Ihrer Gereiztheit? Sind Sie nicht zufrieden mit Ihrer Lebenssituation, fehlt Ihnen möglicherweise eine erfüllende Arbeit oder fühlen Sie sich in Ihrer Elternrolle nicht wohl, etwa weil Sie über- oder unterfordert sind? Versuchen Sie dringend, Ihre innere Anspannung abzubauen. Sprechen Sie mit einer Vertrauensperson über Ihre Probleme und analysieren Sie gemeinsam Ihre vielleicht im Augenblick nicht gerade glückliche Lebenssituation. Zügeln Sie Ihr Temperament – Ihrem Kind zuliebe.

✓ **Ruhig und passiv:** Reagieren Sie auf Trotz, Widerspenstigkeit, Faulheit oder Impertinenz Ihres Kindes ruhig und gelassen, dann ist das grundsätzlich sehr vernünftig. Aber Vorsicht! Ihr Kind sollte Ihnen nicht »auf der

Nase herumtanzen« dürfen. Denn das kann sehr anstrengend werden. Gestatten Sie Ihrem Nachwuchs nicht zu viel! Er soll von vorneherein wissen, dass Sie nicht alles durchgehen lassen. Kinder brauchen und wünschen sich eine gewisse Ordnung, denn sonst fühlen sie sich nicht ernst genommen und geliebt. Bedenken Sie: Passivität kann noch viel anstrengender sein als Konsequenz und das Aufstellen von Regeln, denn wenn in der Erziehung Ordnung und Strukturen fehlen, ertrinken Sie im Chaos. Die Gefahr, dass Sie dann doch irgendwann einmal quasi im Affekt, weil das Maß eben jetzt voll ist, laut losbrüllen oder Ihrem Kind gar eine Ohrfeige verpassen, ist recht groß.

✔ **Klar und konsequent:** Der Idealtyp! Sie treten Ihrem Kind gegenüber bestimmt auf und erteilen klare Anweisungen? Weiter so, denn wenn ein Kind die Entschlossenheit, die innere Festigung und Zuversicht seiner Eltern spürt, dann hat es eine gute Basis, um später, als Erwachsener, seiner Umwelt ebenso sicher gegenüberzutreten. Wahrscheinlich verbringen Sie viel Zeit mit Ihrem Kind. Gerade dann entsteht eine starke Vertrautheit zwischen Ihnen und Ihrem Nachwuchs.

Machen Sie Ihrem Kind auf liebevolle Art und Weise klare Ansagen, nach denen es sich richten kann. Sprechen Sie mit fester Stimme zu ihm, warmherzig, aber bestimmt. Achten Sie beim Reden auf Ihren Tonfall. Zeigen Sie Ihrem Kind, dass Sie konsequent bleiben und selbst von dem überzeugt sind, was Sie zu ihm sagen. So kann es Vertrauen und Sicherheit gewinnen. Es spürt in seinem Elternhaus Geborgenheit und Ruhe.

ISBN 3-8112-2623-1

ISBN 3-8112-2624-X

ISBN 3-8112-2625-8

ISBN 3-8112-2626-6